21世紀・激動の10年を読む

WORLD NEWS
BEST 30

成重　寿　　妻鳥千鶴子　　松井こずえ
Narishige Hisashi　Tsumatori Chizuko　Matsui Kozue

Jリサーチ出版

はじめに

激動の10年間を英語で振り返る

　21世紀は、最初の10年で実にさまざまなことが起こった。政治面では、9.11同時多発テロが世界を震撼させ、その後、アフガン、イラク、そしてスーダンやコソボなど、戦争と紛争が続発する時代となった。自爆テロに代表されるように、戦争の形態そのものが変化した。

　経済に目を向けると、サブプライムローンが招いた金融危機が先進国経済に大打撃を与える一方、新興経済国としてBRICsが台頭した。中でも中国の発展は著しく、2010年にはGDPで日本を追い抜くことは確実で、「世界の工場」から「世界の市場」へと変貌を遂げつつある。

　日本では、09年の総選挙で、民主党が政権を奪取し、自民党の長期支配に終止符を打ったのが最大の事件だろう。

　本書は、こうした世界と日本の大きな出来事を、21世紀のトップニュースとして30本に集約したものである。

　世界情勢（World）、経済・ビジネス（Economy & Business）、文化・技術・環境（Culture, Technology & Environment）に加え、日本（Japan）のセクションを設け、日本の重大ニュースも7本収録した。

World News BEST 30

ニュース英語の入門書としても使える

　本書は英語の雑誌のように読めるようになっている。記事はいずれもサマリー（要約）の体裁を取っているので、通して読むことで21世紀の最初の10年を大づかみに知ることができるだろう。

　また、読者の英語学習をサポートするため、本文には詳しい語注を付けるとともに、「ニュース英語コラム」を掲載して、ニュースの頻出語についての知識を得られるようにした。

　「Background Story」では、ニュース記事の内容を補足し、その背景を解説している。日本語訳とBackground Storyを読めば、日本語で楽しむことも可能である。

　付属CDには30本の英語ニュースをすべて収録している。リスニング強化のため「耳からの学習」もメニューに取り入れてほしい。

　本書は21世紀・英語ニュースの「完全保存版」としての側面を持つ一方、ニュースを使って英語を学習しようとする読者の入門書としても役立つだろう。英語のレベルは英字新聞とあまり変わらないので、幅広い学習者に利用していただけるものと思う。TOEICや英検などの実用英語試験の対策の一助ともなろう。

　本書を手に英語ニュースの世界に親しんでいただき、情報収集チャネルの幅を広げていただけるなら、著者としてこれほど嬉しいことはない。

2010年5月　著者一同

Contents

21世紀・激動の10年を振り返る
World News BEST 30

- 2 はじめに
- 8 本書の利用法
- 10 ニュースで英語を学習する5つのポイント
- 12 Timeline 2001-2010　年表

Chapter 1　World

News 1
18　Taking America to War
アメリカ、戦争に追いやられる

News 2
28　Darfur—Killing Fields in Africa
ダルフール——アフリカのキリング・フィールド

News 3
32　Big Quake off Sumatra
スマトラ沖大地震

News 4
36　PLO's Arafat Dies—Outlook Uncertain for Palestine
PLOのアラファト死去——パレスチナの先行きは不透明

News 5
40　Ethnic Rioting in France
フランスで移民暴動

News 6
44 From ASEAN Plus Three to an East Asian Community
ASEANプラス3から東アジア共同体へ

News 7
48 Kosovo Declares Independence
コソボ、独立を宣言する

News 8
52 Uprisings in Lhasa and Urumqi
ラサとウルムチで騒乱

News 9
56 The Start of the Obama Administration
オバマ政権が始動

Chapter 2 **Economy & Business**

News 10
62 Collapse of Lehman Brothers and Financial Crisis
リーマン・ブラザーズの破綻と金融危機

News 11
68 Euro Introduced as EU Expands
EU拡大に伴うユーロ導入

News 12
72 Emerging BRIC Powers
台頭するBRICs諸国

News 13
76 Samsung Dominates Electronics
サムスン、電子産業の雄に

News 14
80 Apple Is Back: iPod and iPhone Sales Soar
アップルが帰ってきた：iPodとiPhoneの売れ行き好調

Contents

News 15
84 China's Stock Market Tops Japan
中国の証券市場、日本を追い抜く

News 16
88 Toyota Withdraws from F1 Racing
トヨタ、F1レースから撤退

News 17
92 'Resource Wars' Escalate
「資源戦争」、激化する

Chapter 3 **Japan**

News 18
98 DPJ's Landslide Victory: Will Japan Change?
民主党の地滑り的勝利、日本は変わるか

News 19
106 Ichiro—A Baseball Sensation
イチロー——野球のスーパーヒーロー

News 20
110 Abductees Return from North Korea
北朝鮮拉致被害者の帰国

News 21
114 Livedoor and Horiemon
ライブドアとホリエモン

News 22
118 Pension Problems
年金問題

News 23
122 Haruki Murakami's "1Q84"
村上春樹の『1Q84』

News 24
126 Nara Celebrates 1300th Anniversary
奈良、1300年祭を祝う

Chapter 4 Culture, Technology & Environment

News 25
132 Internet Evolution
進化するインターネット

News 26
138 Climate Conference in Copenhagen
コペンハーゲンで気候変動会議

News 27
142 ES Cells—The Next Big Field of Medical Research?
ES細胞——次の大きな医学研究分野か

News 28
146 World's Tallest Tower Opens in Dubai
世界最高峰ビル、ドバイにオープン

News 29
150 The King of Pop Dies
ポップスの王、亡くなる

News 30
154 Shanghai Hosts Expo 2010
2010年万博、上海で開催

60   Column 1   パラグラフと5W1Hがニュース読解の決め手だ
96   Column 2   ニュースを聞き取る3つのコツ
130 Column 3   ニュース英語の表現はここが違う！

158 [巻末] 重要語インデックス

本書の利用法

本書は2001年から2010年までの英語ニュース30本を収録しています。「Notes」（語注）や日本語訳のほか、頻出語紹介コラムの「ニュース英語に注目！」、背景説明記事の「Background Story」で学習をサポートします。

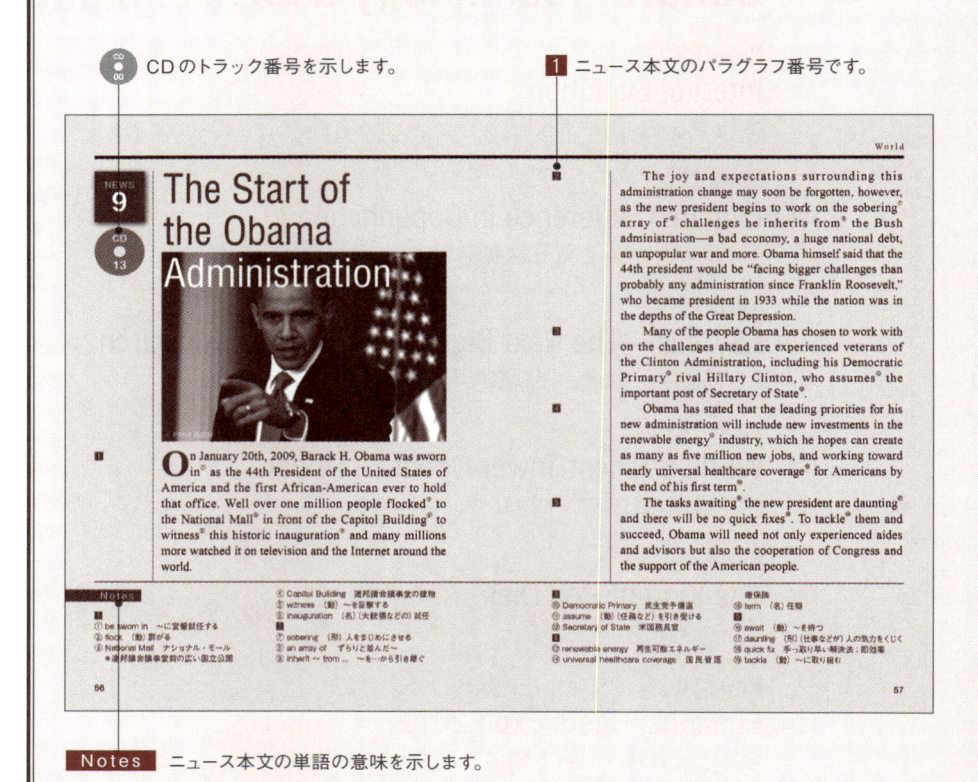

- CDのトラック番号を示します。
- **1** ニュース本文のパラグラフ番号です。

News 9: The Start of the Obama Administration

On January 20th, 2009, Barack H. Obama was sworn in* as the 44th President of the United States of America and the first African-American ever to hold that office. Well over one million people flocked* to the National Mall* in front of the Capitol Building* to witness* this historic inauguration* and many millions more watched it on television and the Internet around the world.

The joy and expectations surrounding this administration change may soon be forgotten, however, as the new president begins to work on the sobering* array of* challenges he inherits from* the Bush administration—a bad economy, a huge national debt, an unpopular war and more. Obama himself said that the 44th president would be "facing bigger challenges than probably any administration since Franklin Roosevelt," who became president in 1933 while the nation was in the depths of the Great Depression.

Many of the people Obama has chosen to work with on the challenges ahead are experienced veterans of the Clinton Administration, including his Democratic Primary* rival Hillary Clinton, who assumes* the important post of Secretary of State*.

Obama has stated that the leading priorities for his new administration will include new investments in the renewable energy* industry, which he hopes can create as many as five million new jobs, and working toward nearly universal healthcare coverage* for Americans by the end of his first term*.

The tasks awaiting* the new president are daunting* and there will be no quick fixes*. To tackle* them and succeed, Obama will need not only experienced aides and advisors but also the cooperation of Congress and the support of the American people.

Notes
① be sworn in ～に宣誓就任する
② flock (動) 群がる
③ National Mall ナショナル・モール；連邦議会議事堂前の広い国立公園
④ Capitol Building 連邦議会議事堂の建物
⑤ witness (動) ～を目撃する
⑥ inauguration (名) (大統領などの) 就任
⑦ sobering (形) 人をまじめにさせる
⑧ an array of ずらりと並んだ～
⑨ inherit ～ from... ～を…から引き継ぐ
⑩ Democratic Primary 民主党予備選
⑪ assume (動) (任務など) を引き受ける
⑫ Secretary of State 米国務長官
⑬ renewable energy 再生可能エネルギー
⑭ universal healthcare coverage 国民皆保険
⑮ term (名) 任期
⑯ await (動) ～を待つ
⑰ daunting (形) (仕事などが) 人の気力をくじく
⑱ quick fix 手っ取り早い解決法；即効薬
⑲ tackle (動) ～に取り組む

Notes ニュース本文の単語の意味を示します。

日本語訳

英語ニュースの和訳です。意味のわからないところを確認するのにご利用ください。

ニュース英語に注目！

よく使われるニュース英語を詳しく解説しています。

NEWS 9

オバマ政権が始動
The Start of the Obama Administration

1 2009年1月20日、バラク・H・オバマはアメリカ合衆国の第44代大統領として宣誓就任し、この職を務める初のアフリカ系アメリカ人となった。100万人をはるかに上回る人々が、この歴史的就任式に立ち会うための連邦議会議事堂前のナショナル・モールに集まり、さらに何万人もの人々が世界中でテレビやインターネットで就任式を見た。

2 新大統領がブッシュ政権から引き継いだ、ずらりと並んだ困難な課題——不況など、国の巨大な債務、評判の悪い戦争など——に取り組み始めたとき、この政権交代を取り巻く喜びと期待はすぐさま忘れ去られる事となり、第44代大統領は「フランクリン・ルーズベルト以来、おそらくどの政権よりも大きな課題に直面する」ことになるだろうと、オバマ自身が語った。ルーズベルトは、この国が大恐慌のどん底にあった1933年に大統領になった人物である。

3 行く手の困難な課題に共に取り組むためにオバマが選んだ人々の多くは、クリントン政権にいた経験豊かなベテランたちだ。民主党予備選挙で戦ったヒラリー・クリントンも含まれており、彼女は重要なポストである国務長官に就任する。

4 オバマが述べた新政権の最優先事項には、500万もの雇用を生み出すと期待する再生可能エネルギー産業への新たな投資、そして最初の任期が終わるまでには全国民が加入する健康保険への取り組みが含まれる。

5 新大統領を待ち受けるのはすぐに迫ってくる仕事で、手っ取り早い解決策はない。それらに立ち向かい成功するため、オバマには経験豊かな側近の顧問だけでなく議会の協力と米国民の支持が必要だ。

ニュース英語に注目！

tackle (動) 〜に取り組む

アメフトやラグビーの「タックル」でお馴染みだが、動詞では「難しい問題に取り組む」という意味で頻出。類語には deal with や wrestle with があるが、tackle は他動詞なので前置詞がつかないことに注意したい。

・Many schools are tackling the problem of bullying.
（多くの学校がいじめの問題に取り組んでいる）

Background Story

米国初のアフリカ系大統領の挑戦

民主党のバラク・オバマ上院議員が共和党のジョン・マケイン候補に勝利し、第44代大統領となった。過去に奴隷制度があり、今でも人種差別が根強く残るアメリカで、初の黒人大統領が誕生したのだ。

オバマ氏は、1961年ハワイ生まれで、就任では3番目に若い47歳の大統領となった。父親はケニア、母親はカンザス州出身の白人。ハーバード大学ロースクールを卒業後、弁護士になった。その後、イリノイ州上院議員を経て、2004年連邦上院議員に初当選した。ミシェル夫人との間に2人の娘がいる。

選挙戦では、"Yes, we can." のフレーズと共に「変革 (Change)」を繰り返し呼びかけ、演説の巧さと人々を惹きつけるカリスマ性で、支持者を増やしていった。また、インターネットや各地での草の根の活動により記録的な選挙資金を集めた。

政権発足後は、山積する国内外の問題に大胆に取り組んでいる。7870億ドルの景気刺激策に続き、多額の公的資金を銀行や保険会社、自動車会社に注入して救済。さらに、米国初の「国民皆保険」へ向けた医療保険改革法案の成立と、自身のプラハ演説にて「核兵器なき世界」への第一歩となる新核軍縮条約をロシアとの間で調印した。

安全保障では、イランなど敵対する国家に対して、強硬政策でなく対話路線を重視したアメリカ主導の国際協調を目指すが、これを「弱腰」と批判する保守派もいる。

---

1 ニュース本文のパラグラフ番号です。

Background Story

英語ニュースの補足、および出来事の経緯を説明する記事です。

CDで耳から楽しむ

CDにはすべての英語ニュースが収録されています。耳からニュースを楽しめます。リスニング強化にも役立ちます。

ニュースで英語を学習する
5つのポイント

ニュースは、英語学習のメニューにぴったりです。
さまざまなテーマを扱い、現実の世界の出来事や動きを追っているため、
大人が興味をもって継続的に学習する素材として適しているからです。
英語ニュースのビギナー、初級者の方は
次のポイントに注意して学習を進めるといいでしょう。

1 ニュース頻出語を押さえる

　ニュースには各分野に特徴的な語句と、すべての分野に共通の語句があります。まず、この共通の頻出語を押さえるといいでしょう。soar(急増する)、issue(争点；論点)、allegedly(伝えられるところによると)、controversial(議論を呼ぶ)、plight(苦境)、showdown(決着；決戦)、counterpart(対をなすものの一方)などは代表例です。
　本書では、各記事に「ニュース英語に注目！」というコラムを設けて、ニュース頻出語をクローズアップしています。
　また、巻末の「重要語インデックス」(p.158)では、各記事のNotesで取り上げた語のうち重要なものを一覧にしました。語彙力のチェックに利用してください。

2 自分の関心のあるテーマを選ぶ

　ニュースには政治・外交から、経済・ビジネス、社会、文化、テクノロジー、環境、スポーツまで、さまざまなジャンルがあります。まず、自分の好きな、あるいは関心のあるジャンルから読んでいくのはニュース英語に入る良い方法です。自分が興味を持っているジャンルの英語は頭に入りやすいものです。英語がすでにカタカナ化している言葉もあるでしょう。得意のジャンルでまず英語ニュースに慣れましょう。

3 日本の記事は理解しやすい

　日本のニュースで馴染みのある出来事や事象は、英語で書かれていても理解しやすいものです。まず日本語の新聞を読みTVニュースを見た後で、同じ出来事を英語で読んだり聞いたりするのは、初級者にとってベストの方法と言えます。日本の話題でニュースに慣れてから、さまざまな話題に取り組みましょう。

4 パラグラフ単位で読んでいく

　英語の雑誌や新聞は、基本的にパラグラフ単位で、アイデアを展開する書き方がされています。雑誌は、第1パラグラフが導入、最終パラグラフが結論・結びという構成で、新聞は重要度の高い情報から低い情報へと、いわゆる逆ピラミッド型の構成をとっています。各パラグラフのテーマはその第1文で示され、その後にテーマを詳しく説明するのがふつうです。ですから、読む場合にも、パラグラフ単位で読み取っていくリーディング法が効果的です。

※ニュースの読み方の詳細は「Column 1」(p.60)を参照。

5 前から後ろへ、ポイントを聞き取る

　ニュースを聞き取るには、英語の語順のまま、前から後ろへと理解していく必要があります。慣れないうちは細部にこだわらず、ポイントとなる情報を押さえながら聞くということで構いません。その際、1語1語を聞き取るというのではなく、数語をまとめて聞き取るように意識しましょう。

　ニュース英語に慣れれば、CNNやBBCをはじめ、世界中の英語メディアを情報源とすることができるようになります。

※ニュースの聞き方の詳細は「Column 2」(p.96)を参照。

Timeline
2001-2010

21世紀の最初の10年の略年表です。本書で取り上げた記事はページを示します。
日本の出来事は黒文字、世界の出来事は赤文字で表します。

2001

1月	ジョージ・W・ブッシュ氏、第43代アメリカ大統領に就任
4月	小泉純一郎内閣がスタート
7月	メガワティ氏、インドネシア大統領に就任
9月	アメリカ同時多発テロ ▶▶ News 1(p.18)
10月	米英、アフガニスタン攻撃を開始
	アメリカ・フロリダ州で炭疽菌テロ
11月	シアトル・マリナーズのイチロー選手が1年目で首位打者・盗塁王・新人王・MVPを獲得 ▶▶ News 19(p.106)
12月	皇太子妃・雅子さまが第1子をご出産
	中国、世界貿易機関(WTO)加盟が発効

2002

1月	ユーロ圏12カ国で欧州単一通貨「ユーロ」が流通開始 ▶▶ News 11(p.68)
	ブッシュ米大統領、「悪の枢軸」発言
2月	ソルトレークシティー冬季五輪、日本は銀1・銅1
5月	フランス大統領選、シラク大統領が再選　　東ティモール、独立
	日本・韓国共同開催のサッカーW杯。日本はベスト16、優勝国はブラジル
7月	アフリカ連合(AU)発足
9月	小泉首相、電撃訪朝。金正日総書記と会談
10月	チェチェン共和国の武装勢力がモスクワの劇場を占拠
	インドネシア・バリ島のディスコで爆発テロ
	日本人拉致被害者5人が北朝鮮から帰国 ▶▶ News 20(p.110)
12月	韓国大統領選、盧武鉉氏が第16代大統領に

2003

- 1月　北朝鮮が核拡散防止条約(NPT)から脱退
- 2月　アメリカのスペースシャトル「コロンビア」が大気圏突入に失敗、爆発
- 3月　米英、イラク侵攻作戦を開始
　　　宮崎駿監督『千と千尋の神隠し』がアカデミー賞長編アニメ映画賞を受賞
- 4月　日本郵政公社が営業開始
　　　六本木ヒルズがオープン
　　　アップル、iTunes Music Store をスタート ▶▶ News 14(p.80)
- 7月　香港、基本法への抗議で50万人デモ
- 8月　フランス全土で記録的な猛暑。死者1万1000人以上
- 10月　東海道新幹線品川駅が開業
　　　カリフォルニア州知事に俳優アーノルド・シュワルツェネッガー氏が当選
- 11月　衆院選、与党が絶対安定多数を確保
- 12月　米軍がイラクのフセイン元大統領を拘束

2004

- 1月　自衛隊、イラクへ派遣
- 3月　スペイン・マドリッドで列車爆破テロ、191人が死亡
- 5月　フィリピン大統領選、グロリア・マカパガル・アロヨ氏が当選
　　　小泉首相、北朝鮮を再訪問。拉致被害者の家族5人が帰国
- 6月　イラク暫定政権が発足
　　　ロナルド・レーガン元米大統領、肺炎のため死去
- 7月　俳優マーロン・ブランド氏、死去
　　　インドネシア大統領選、決選投票でユドヨノ氏が勝利
- 8月　リー・シェンロン氏、シンガポール首相に就任
　　　アテネ五輪、日本は金16・銀9・銅12
- 9月　チェチェン独立派武装勢力がロシア南部・北オセチア共和国の学校を占拠
- 10月　新潟県中越地方で震度6強の地震
- 11月　PLOのアラファト議長、死去 ▶▶ News 4(p.36)
- 12月　スマトラ島沖でM9.3の地震、津波による被害で20万人以上が死亡
　　　▶▶ News 3(p.32)

Timeline 2001-2010

2005

1月	青色発光ダイオードの特許権の譲渡訴訟、和解が成立
	イラク国民議会選挙（3月に国民議会招集へ）
	ジョージ・W・ブッシュ大統領、2期目の就任演説
2月	愛知県で愛・地球博覧会が開幕
4月	ローマ法王ヨハネ・パウロ2世、死去。新ローマ法王はベネディクト16世
	JR福知山線脱線事故、死者107人、負傷者400人以上
5月	イギリス総選挙、与党労働党が過半数を確保
7月	イギリス・ロンドン、エジプト・シャルムエルシェイクでアルカイダ系組織による同時テロ
8月	ハリケーン「カトリーナ」、米フロリダ州に上陸
9月	衆院選挙、郵政民営化を掲げる小泉自民党が大勝
10月	フランス・パリ郊外で移民の若者らが暴動 ▶▶ News 5(p.40)
11月	アンゲラ・メルケル氏、ドイツ首相に就任
12月	第1回東アジアサミット、クアラルンプールで開催 ▶▶ News 6(p.44)

2006

1月	ライブドアの堀江貴文社長ほか3人が証券取引法違反容疑で逮捕 ▶▶ News 21(p.114)
2月	トリノ冬季五輪、日本のメダルは金1のみ
	ナイジェリアでムハンマドの風刺画に対する抗議デモが暴徒化
3月	第1回ワールド・ベースボール・クラシック(WBC)、日本が優勝
	オウム真理教の教祖・松本智津夫被告の死刑が確定
5月	米エンロン社の不正会計事件で、元会長らに有罪判決
6月	サッカーW杯ドイツ大会。日本は一次リーグ敗退、優勝はイタリア
7月	イスラエル軍、ヒズボラ掃討のためレバノン南部に侵攻
8月	国際天文学連合、冥王星を惑星から除外
9月	タイで軍事クーデター、外遊中のタクシン首相は帰国できず
	小泉首相、任期満了で辞任。安倍晋三氏が首相に
10月	北朝鮮、地下核実験
12月	イラクのサダム・フセイン元大統領の死刑執行

2007

1月	潘基文氏が国際連合事務総長に就任
2月	パレスチナ、ファタハとハマスが統一政権樹立に合意
3月	香港行政長官選挙、曽蔭権行政長官が再選
5月	フランス大統領選、ニコラ・サルコジ氏が決選投票で勝利
7月	参院選挙で自民党が歴史的大敗
9月	安倍首相が突然の退陣表明、福田康夫元官房長官が新首相に
10月	郵政民営化がスタート
	韓国と北朝鮮、平壌で7年ぶりの首脳会談
11月	パキスタン、ムシャラフ大統領が非常事態宣言
12月	韓国大統領選、李明博氏が勝利
	パキスタンのベナジル・ブット首相、選挙集会で暗殺される

2008

1月	中国河北省「天洋食品」からの輸入冷凍ギョーザによる食中毒事件
	新テロ対策特別措置法が国会で成立
2月	パキスタン総選挙、パキスタン人民党が躍進、ムシャラフ派は大敗
3月	中国チベット自治区ラサで大規模な暴動が発生 ▶▶ News 8(p.52)
	台湾総統選、国民党の馬英九氏が圧勝、第12代総統に
5月	ロシア、ドミトリー・メドベージェフ大統領誕生
	大型サイクロンがミャンマーを直撃
	中国四川省で大規模地震が発生
7月	第34回G8サミットが北海道洞爺湖町で開催
8月	北京五輪、日本は金9・銀6・銅11
	ロシアとグルジア、戦闘状態に
9月	福田康夫首相が辞任。麻生太郎氏が首相に就任
	米投資銀行リーマン・ブラザーズ破綻 ▶▶ News 10(p.62)
11月	米大統領選、バラク・オバマ候補が圧勝 ▶▶ News 9(p.56)
	インド・ムンバイで同時多発テロ事件

Timeline 2001-2010

2009

- 1月　バラク・オバマ氏、第44代アメリカ合衆国大統領に就任
- 2月　映画『おくりびと』が第81回アカデミー賞最優秀外国語映画賞に
- 3月　国際刑事裁判所、スーダン・ダルフールでの戦争犯罪容疑でアル＝バシール同国大統領に対する逮捕状を交付 ▶▶ News 2(p.28)
- 4月　オバマ大統領、プラハで「核なき世界」演説
  　　フォードが経営破綻
- 5月　スリランカ政府軍、反政府組織タミール・イーラム解放のトラ(LTTE)を壊滅
  　　村上春樹の小説『１Ｑ８４』発売 ▶▶ News 23(p.122)
- 6月　GMが経営破綻
  　　イラン大統領選、アフマディネジャド大統領が再選
- 7月　マイケル・ジャクソン、自宅で心肺停止状態となり逝去 ▶▶ News 29(p.150)
  　　中国・新疆ウイグル自治区ウルムチで暴動が発生 ▶▶ News 8(p.52)
- 8月　インドネシア大統領選、ユドヨノ大統領が再選
  　　民主党が第45回衆議院議員選挙で大勝、政権交代成る ▶▶ News 18(p.98)
- 10月　オバマ大統領、ノーベル平和賞を受賞
  　　マイクロソフトの「Windows 7」が発売開始
- 11月　トヨタ、F1からの撤退を発表 ▶▶ News 16(p.88)
- 12月　欧州連合(EU)の新基本条約であるリスボン条約が発効
  　　COP15、コペンハーゲンにて開催 ▶▶ News 26(p.138)

2010

- 1月　平城遷都1300年祭、開幕 ▶▶ News 24(p.126)
  　　ドバイの世界最高峰ビルがオープン ▶▶ News 28(p.146)
- 2月　バンクーバー冬季五輪、日本は銀３・銅２
  　　トヨタ社長、リコール問題で米下院公聴会で謝罪
- 3月　モスクワ地下鉄で連続爆破テロ
- 4月　アップル、米国でiPadを発売
- 5月　上海万博開幕 ▶▶ News 30(p.154)
- 6月　民主党の目玉政策、子供手当の支給始まる

Chapter 1
World

9.11が世界を変えた。
戦争の形が変わり、イスラムが力を持ち、
パクス・アメリカーナが揺らぎ、世界は多極化へと向かった。
スーダン、フランス、コソボ、チベット、新疆などでは民族間の紛争が起きた。
米国内の変容も進行し、
2009年にはアフリカ系初となる大統領が誕生した。

News 1　　Taking America to War
News 2　　Darfur—Killing Fields in Africa
News 3　　Big Quake off Sumatra
News 4　　PLO's Arafat Dies—Outlook Uncertain for Palestine
News 5　　Ethnic Rioting in France
News 6　　From ASEAN Plus Three to an East Asian Community
News 7　　Kosovo Declares Independence
News 8　　Uprisings in Lhasa and Urumqi
News 9　　The Start of the Obama Administration

NEWS 1

CD 2-5

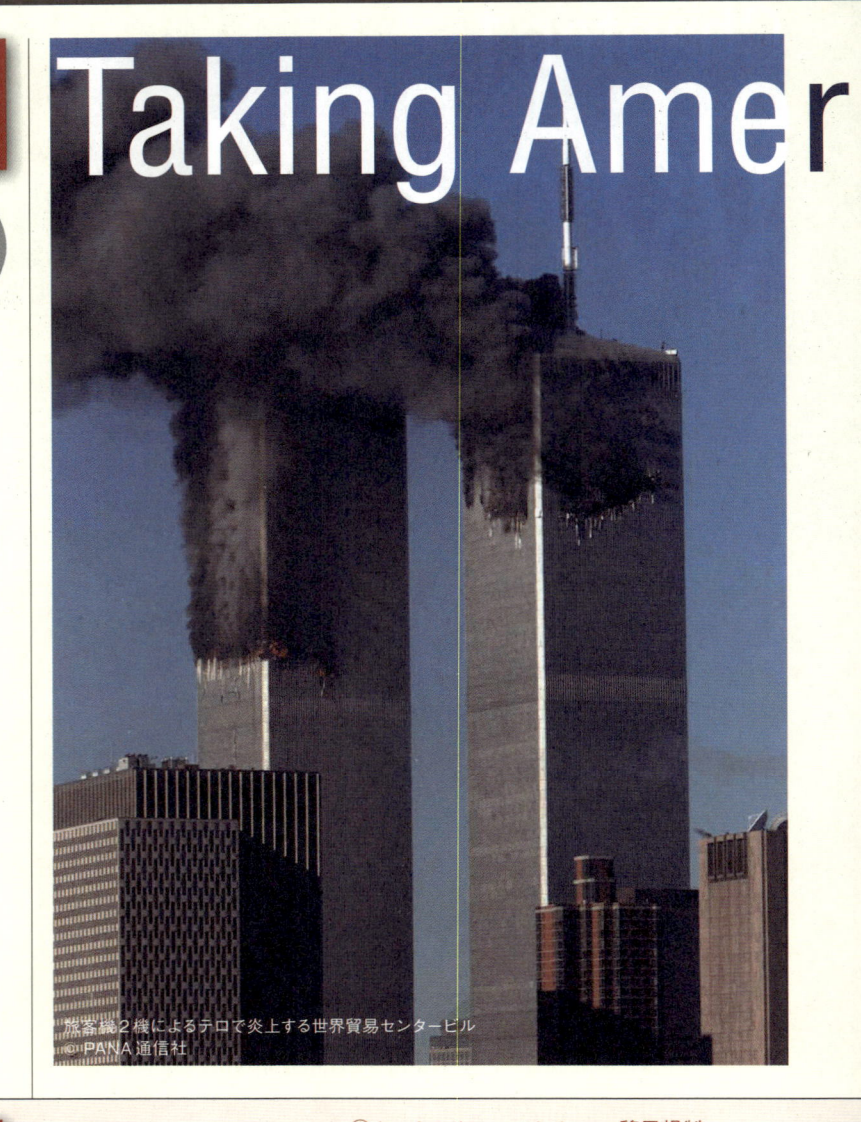

Taking Amer

熊突機2機によるテロで炎上する世界貿易センタービル
©PANA通信社

Notes

1
① shape （動）〜を形成する
② in the wake of 〜をきっかけに
③ declare （動）〜を宣言する
④ tighten （動）〜を厳しくする
⑤ immigration restrictions 移民規制
⑥ put 〜 in place 〜を設置[整備]する

2
⑦ orchestrate （動）〜を画策する
⑧ al-Qaeda アルカイダ ＊アラビア語で「基盤；基地」の意。ビンラディンと、アイマン・アルザワヒリが率いるイスラム原理主義テロ組

World

ica to War

[1] As we begin to look back on the first decade of the 21st century, there is wide agreement that the terror attacks in the U.S. on September 11, 2001 shaped[①] the politics of the decade and changed our world more than any other single event. In the wake of[②] 9/11—as the attacks quickly became known—U.S. president George W. Bush declared[③] a "war on terror" and established the Department of Homeland Security the following month to carry out the battle on the home front. That effect was felt immediately, as security was tightened[④] at airports and stricter immigration restrictions[⑤] were put in place[⑥].

[2] When it became evident that 9/11 had been orchestrated[⑦] by Osama bin Laden and his al-Qaeda[⑧] organization based in Afghanistan, Bush quickly delivered an ultimatum[⑨] to that country's Taliban[⑩] government to turn over[⑪] bin Laden or face attack by U.S. forces. The Taliban offered to put bin Laden on trial[⑫] in an Islamic Court[⑬] if the U.S. could provide evidence[⑭] linking him to the 9/11 attacks. The U.S. refused to[⑮] provide any evidence and subsequently[⑯] launched[⑰] an invasion[⑱] of Afghanistan with U.S. and

織。
⑨ deliver an ultimatum　最後通牒を宣告する
⑩ Taliban　タリバン　＊1996年からアフガニスタンを実効支配していたスンニ派イスラム原理主義運動。字義通りの意味は「神学生」。
⑪ turn over　～を引き渡す
⑫ put ～ on trial　～を裁判にかける
⑬ Islamic Court　イスラム法廷
　＊イスラム法に基づいて運営される法廷。
⑭ evidence　（名）証拠
⑮ refuse to　～することを拒絶する
⑯ subsequently　（副）続いて；その後に
⑰ launch　（動）～を始める
⑱ invasion　（名）侵攻

パリ中心部で、米国によるイラク攻撃に反対してデモ行進する若者たち
© PANA 通信社

⑲ oust （動）〜を追放する；〜を追い払う
⑳ regime （名）政権；政府
③
㉑ State of the Union Address　一般教書演説
㉒ perpetrator （名）実行者；犯人
㉓ alleged （形）主張されている
㉔ weapons of mass destruction (WMD)　大量破壊兵器
㉕ pose a threat to　〜に脅威を与える
㉖ weapon inspector　兵器査察官
㉗ verify （動）〜を検証する；〜を立証する
㉘ in possession of　〜を所有して
㉙ accuracy （名）正確さ
④

British forces in October 2001 to oust[19] the Taliban regime[20] and catch the al-Qaeda leaders.

3 In his State of the Union Address[21] in January 2002, Bush went on to target an "Axis of Evil" that clearly named Iraq, Iran and North Korea as perpetrators[22] of international terrorism. Soon Iraq became the next target of Bush's war on terror. The governments of the U.S. and the UK had already claimed that Iraq's alleged[23] weapons of mass destruction (WMD)[24] posed a threat to[25] their security. The UN called on Iraq to cooperate fully with UN-appointed weapon inspectors[26] to verify[27] that Iraq was not in possession of[28] WMD. The UN inspectors found no evidence of WMD, but questions remained about the accuracy[29] of Iraq's weapon declarations.

4 It soon became apparent that the triumvirate[30] of Bush, his vice president Dick Cheney, and Secretary of Defense[31] Donald Rumsfeld were determined to take America to war in Iraq. Having been part of the administration that fought the First Gulf War[32] under Bush's father, Cheney may have regretted not removing Saddam Hussein from[33] power at that time. Cheney and Rumsfeld both believed that Iraq was involved in[34] 9/11 and they both shared the belief that even if America acted unilaterally[35] to remove the Hussein regime, the world would eventually approve and the U.S. forces would be greeted as liberators in Iraq itself. Both of

---

㉚ triumvirate （名）三頭政治
㉛ Secretary of Defense （米）国防総省
㉜ the First Gulf War 第一次湾岸戦争
＊クウェートに侵攻したイラク軍を撤退させるため、1991年1～2月に、米国を中心とする多国籍軍とイラクの間で繰り広げられた戦争。
㉝ remove ～ from ... ～を…から排除する
㉞ be involved in ～に関与する
㉟ unilaterally （副）一方的に；単独主義で
㊱ assumption （名）仮定
㊲ prove （動）～であるとわかる
5
㊳ multinational （形）多国籍の
㊴ troops （名）軍隊

these assumptions⁶ proved⁷ wrong.

[5] The Iraq War—also known as the Second Gulf War—began on March 20, 2003 with the invasion of Iraq by a multinational⁸ force led by troops⁹ from the U.S. and the UK. As Rumsfeld had promised, the fighting was over in just a few weeks. However, the U.S. military could not find the WMD that had been the Bush Administration's excuse for the war.

[6] An investigation⁴⁰ by the U.S.-led Iraq Survey Group⁴¹ reached the conclusion⁴² that Iraq had ended its nuclear, chemical⁴³, and biological⁴⁴ programs in 1991 and had no active programs at the time of the invasion. Also, no evidence was ever found supporting claims that Hussein had supported al-Qaeda. When later evidence emerged⁴⁵ that in fact Iran was the major supporter of al-Qaeda, *Newsweek* ran a devastating⁴⁶ cartoon⁴⁷ urging the Bush Administration not to forget to run a spell check before acting—not Ira*q* but Ira*n*.

[7] One of the things that made the Iraq War such a big historical event in the first decade of the 21st century was the fact that the whole world watched it all on TV. During the first Gulf War, the U.S. military had been criticized⁴⁸ for shutting out the press. Determined not to repeat that mistake, special accommodations⁴⁹ were made to take the press along as the U.S.-led forces charged toward Baghdad. The world watched as the "Mother of

---

[6]
㊵ investigation （名）調査
㊶ Iraq Survey Group　イラク調査グループ
㊷ reach a conclusion　結論に達する
㊸ chemical （形）化学の
㊹ biological （形）生物学の
㊺ emerge （動）出現する；浮かび上がる

㊻ devastating （形）辛辣な；壊滅的な
㊼ cartoon （名）風刺画

[7]
㊽ criticize （動）～を批判する
㊾ accommodations （名）設備；宿泊施設
㊿ Mother of All Wars　至高の戦い　＊サダム・フセインが第一次湾岸戦争を指して、アラビア

イラクで展開する米軍部隊　© PANA 通信社

All Wars(50)" that Saddam Hussein had promised fizzled(51) into defeat. But, it also watched as the search for WMD failed and the war deteriorated(52) into a high-cost, high-casualty(53) occupation(54) of Iraq by the U.S. and its few allies(55).

8 Under the Bush Administration, this decade was characterized by the unilateralism(56) of the U.S., supported by the UK under Prime Minister Tony Blair. The wars in Iraq and Afghanistan eventually became a disastrous(57) quagmire(58) that drove the U.S. government into deficits(59) of historic proportions and a loss of respect in the international community. Due to his misguided "war on terror," Bush was greeted in Europe by protestors who called him the world's worst terrorist. At home his popularity rating sank to historic lows as well, matching Nixon's during the Watergate(60) crisis.

語で語った言葉の英訳。
(51) fizzle　(動) 勢いがなくなる；失敗に終わる
(52) deteriorate　(動) 悪化する；退化する
(53) high-casualty　(形) 犠牲者が多い
(54) occupation　(名) 占領
(55) ally　(名) 同盟(国)
8
(56) unilateralism　(名) 単独行動主義；一国主義
(57) disastrous　(形) 破滅的な
(58) quagmire　(名) 窮地；ぬかるみ
(59) deficit　(名) 赤字
(60) Watergate　ウォーターゲート事件
＊ニクソン大統領を辞任に追い込んだ盗聴事件。

アメリカ、戦争に追いやられる
Taking America to War

NEWS 1

[1] 　21世紀の最初の10年を振り返ろうとするとき、多くの人々が同意するのは、2001年9月11日に米国が受けたテロ攻撃が、他のどの単独の事件よりも、この10年間の政治を方向づけ、われわれの世界を変えたということだろう。これらのテロ攻撃は、すぐ9.11として知られるようになったが、この攻撃後、ジョージ・W・ブッシュ米大統領は「テロとの戦い」を宣言し、翌月には本土安全保障省を設置して、本土での戦いを実行に移した。その影響はたちどころに現れ、空港での保安検査が厳しくなり、移民規制が厳格化された。

[2] 　9.11が、アフガニスタンに拠点を置くオサマ・ビンラディンとアルカイダ・グループによって企てられたことが明らかになると、ブッシュはすぐに同国を統治するタリバン政権に最後通牒を突きつけ、ビンラディンを引き渡すか、米軍の攻撃を受けるかを迫った。タリバンは、ビンラディンが9.11攻撃に関係している証拠を米国が示せば、彼をイスラム法廷で裁くという提案を行った。米国はいかなる証拠の提供も拒否し、その後、2001年10月には、タリバン政権を転覆し、アルカイダの指導者たちを捕獲するために、米英軍によるアフガニスタン侵攻を開始した。

[3] 　ブッシュは2002年1月の一般教書演説で、「悪の枢軸」と対峙するとしたが、これはイラク、イラン、北朝鮮を国際テロの実行者としてはっきりと名指ししたものだった。ほどなく、イラクがブッシュのテロとの戦いの次の標的となった。米英政府は以前より、イラクが保有するとされる大量破壊兵器（WMD）が両国の安全保障にとって脅威になっていると主張していた。国連はイラクに、同国がWMDを保有していないことを証明するため、国連が指名した兵器査察官に全面的に協力するよう要請した。国連の査察官はWMDの証拠を見いだせなかったが、イラクの兵器に関する申告にはその正確性に疑問が残ったままだった。

[4] 　ブッシュとディック・チェイニー副大統領、ラムズフェルド国防長官の3人が米国をイラクとの戦争に導く決意をしていることが、まもなく明らかになった。ブッシュの父親の下で第一次湾岸戦争を戦った政権の一員だったチェイニーは、そのときにサダム・フセインを政権の座から引きずり下ろさなかった

ことを後悔していたのかもしれない。チェイニーとラムズフェルドはどちらも、イラクが9.11に関与していたと考えており、どちらも、米国が一方的にフセイン政権を排除しようと行動しても、最後には国際社会も認め、米軍はイラクにおいても解放者として歓迎されるだろうという信念を共有していた。これらの仮定は2つとも誤りだということが後に証明された。

5 　イラク戦争——第二次湾岸戦争とも呼ばれる——は2003年3月20日、米英軍に率いられた多国籍軍がイラクに侵攻することで口火が切られた。ラムズフェルドが約束したように、戦闘はわずか数週間で終わった。しかし、米軍は、ブッシュ政権が戦争の口実としていたWMDを発見することができなかった。

6 　米国主導のイラク調査団が出した調査結果は、イラクは1991年に核、化学、生物の兵器計画を終了しており、イラク侵攻時に進んでいる計画はなかったというものだった。また、フセインがアルカイダを支援したことを裏付ける証拠も見いだされなかった。後に実はイランがアルカイダの主要な支援者だという証拠が現れたとき、ニューズウィーク誌は、ブッシュ政権に事を起こす前にスペルチェックを忘れないように促す——イラ<u>ク</u>ではなくイラ<u>ン</u>だと——辛辣な風刺画を掲載した。

7 　イラク戦争を21世紀最初の10年の歴史的な大事件にしたのは、世界中の人々がテレビでそれを注視したという事実だった。第一次湾岸戦争の間、米軍はマスコミを締め出したとして批判されていた。この過ちを繰り返さないため、米軍がバグダッドに向けて進軍している間、マスコミ関係者を帯同するため特別な便宜が図られた。世界は、サダム・フセインが約束していた「至高の戦い」が敗北に向かって崩れ去るのを目の当たりにした。しかし、世界はまた、WMDの探索が失敗に終わり、この戦争が、米軍と少数の同盟国による、負担が大きく、犠牲者が続出する占領へと後退していくのも目にしたのである。

8 　ブッシュ政権の下、この10年は、トニー・ブレア首相が率いる英国の支援を受けた米国による単独主義の時代として特徴づけられた。イラクとアフガニスタンにおける2つの戦争は結果的に、米政権を歴史的な規模の財政赤字と、国際社会での信用失墜に追いやる凶事となった。誤って導かれた「テロとの戦い」によって、ブッシュはヨーロッパで、反対派の人々から世界最悪のテロリストと呼ばれて迎えられた。自国でも、ブッシュの支持率が歴史的な低水準に落ち込んだが、これはウォーターゲート事件当時のニクソンに匹敵する低さだった。

> ニュース英語に注目！

axis （名）軸；(国家の)枢軸

　本来は「軸」という意味で、数学ではx-axis、y-axis(x軸、y軸)などと使う。The earth revolves on its axis.(地球は地軸を中心に自転する)では、axisは「地軸」の意味。

　一方、政治で使うと「2カ国以上の同盟国」を表し、the Axisと頭字を大文字にすると、第二次世界大戦時の「枢軸国」(もともとはドイツ、イタリアの2カ国で、後に日本が両国と同盟を結んで、枢軸国に入った)を指す。なお、米英仏など「連合国」はthe Alliesと呼ばれた。

unilateralism （名）単独主義

　uni-は「1つの」の意の接頭辞、lateralは「側面の」の意の形容詞で、unilateralと合体すると「一方的な；片側だけの」になる。外交で使えば、「単独主義の」で、名詞形のunilateralismは「単独主義」である。ブッシュ政権時代の米外交を評して使われた。

　bi-(2つの)とlateralがくっついたbilateralは「2国間の；相互的な」という意味になる。multilateralなら「多国間の；多角的な」。

troops （名）(複数で)軍隊；部隊　(単数で)群れ；一団

　a group of soldiersのことで、「軍隊」という意味では必ず複数形で使われる。armed forcesと同義。単数のtroopは「人の一団；動物の群れ」の意味で、a troop of(～の一団[群])というイディオムでよく使う。a troop of visitorsで「訪問者の一団」。trooperなら「機甲部隊や空挺部隊などの兵士」のこと。

　軍隊を表す言葉は多数あり、brigade(旅団)、division(師団)、infantry(歩兵隊)、cavalry(機甲部隊)、convoy(部隊)、platoon(小隊)などはよく使われる。

　なお、troopとまぎらわしい単語にtroupeがあるが、こちらは「歌手の一団；演劇の一座」で、移動して公演する芸能集団を指す。

Background Story

テロと戦争から始まった21世紀

●9.11の衝撃

日本では「アメリカ同時多発テロ」と呼ばれる9.11テロは、モハメド・アタをはじめとするアラブ系のグループが、乗っ取った4機の民間航空機を駆使して実行した事件である。ニューヨーク・マンハッタンの象徴的存在だったワールドトレードセンターのツインタワービルに2機がそれぞれ激突、1機は米国防総省ビルに突っ込み、もう1機はワシントンに向かう途中で墜落した。

テロが発生したのは火曜日午前9時前の通勤時間帯でもあり、とりわけワールドトレードセンターに激突した旅客機の映像とその後、2棟のビルが倒壊するありさまがリアルタイムでテレビ放送され、世界中の人々に大きな衝撃を与えた。アメリカ本土が大規模な攻撃を受けるのは史上初めての事態だった。

●アフガン戦争とビンラディン

米政府は事件後の調査の結果、テロの首謀者がサウジアラビア人のオサマ・ビンラディンとその配下組織アルカイダであることを突き止め、ビンラディンをかくまっていたアフガニスタンのタリバン政権に対して宣戦を布告した。同年10月7日、英国を含む有志連合軍、現地の反タリバン勢力である北部同盟(the Northern Alliance)とともに攻撃を始め、1カ月余りで首都カブールを制圧、タリバン政権を崩壊させた。

しかし、肝心のビンラディンやアルカイダ幹部は、アフガン東部の山岳地帯から隣国のパキスタンに逃れた。彼らは現在もイスラム原理主義が色濃いパキスタンのトライバルエリアに潜伏しているとされるが、行方は杳として知れない。

●理由なき戦いと占領の負担

イラク戦争は、サダム・フセイン政権が大量破壊兵器を開発して米国の脅威となっているというCIAの情報を決め手に踏み切った戦争だが、開戦前から国際世論の批判の的となり、各地で戦争反対のデモが繰り広げられた。また、フランス、ドイツ、ロシア、中国の各政府も強硬に反対した。

2003年3月20日に開始された戦争だが、米軍は4月9日には首都バグダッドを制圧、5月1日にはブッシュ大統領が空母上で華々しく戦争終結宣言を行った。12月にはサダム・フセインを拘束した。

しかし、その後のイラク占領において次々に問題が発生。シーア派民兵組織、アルカイダ系組織との戦闘、相次ぐ爆弾テロ、また米兵による捕虜虐待や残虐行為が明るみに出て、米軍を見る世界の目は厳しさを増し、米兵の犠牲者が増えるにつれて、国民の支持も低下していった。

米軍の犠牲者は10年2月23日現在で4,379人、イラク国民の犠牲者は10万を超えると言われ、60万人超という推計もある。バラク・オバマ大統領は、駐留米軍(戦闘部隊)を10年8末までに撤退させるとしている。

NEWS 2: Darfur—Killin

1. The BBC documentary *The New Killing Fields* that aired① on British TV on November 14, 2004 opened the world's eyes to what appeared to be a clear case of large-scale ethnic cleansing② of black Africans by Arabs in the Darfur region of western Sudan. A U.N.-appointed commission of inquiry③ arrived in Darfur that month to determine whether the alleged slaughter④ of close to 100,000 people over the previous six months constituted⑤ genocide⑥.

2. Because of the remoteness⑦ of the region, the months of massacres⑧ had gone largely unnoticed by the outside world, but no one could ignore the fact that close to one million refugees⑨ were on the move⑩ as a result of systematic attacks on black African villages by Arab militias⑪ known as the Janjaweed, who were apparently backed by the Sudan military. Large sections of Darfur's black population had been burnt out of their homes and large refugee camps had emerged.

Notes

1
① air （動）〜を放送する
② ethnic cleansing　民族浄化
③ commission of inquiry　調査委員会
④ slaughter　（名）大量殺戮
⑤ constitute　（動）〜を構成する
⑥ genocide　（名）大量殺人；大虐殺

2
⑦ remoteness　（名）遠く離れていること
⑧ massacre　（名）大虐殺
⑨ refugee　（名）難民
⑩ on the move　進行して

World

g Fields in Africa

[3]   Although the United Nations issued two resolutions ordering Khartoum to disband[12] the Janjaweed militias and halt[13] the killings, the Security Council's[14] demands have been ignored. The African Union[15] has played a more active role and has had troops[16] in Darfur since August. But they are too few to be able to completely stop the genocide.

[4]   The humanitarian[17] crisis is grave[18]. The World Health Organization[19] reports that more than 70,000 displaced[20] people have died in the last five months in the refugee camps and that an estimated 10,000 people per month will continue to die if adequate relief[21] does not arrive.

---

⑪ militia （名）民兵
[3]
⑫ disband （動）〜を解体する
⑬ halt （動）〜を停止する
⑭ the Security Council 国連安全保障理事会
⑮ the African Union (AU) アフリカ連合
⑯ troops （名）軍隊；部隊

[4]
⑰ humanitarian （形）人道主義的な
⑱ grave （形）重大な；深刻な
⑲ the World Health Organization (WHO) 世界保険機関
⑳ displace （動）〜を立ち退かせる；〜を移す
㉑ relief （名）救援物資

29

ダルフール、アフリカのキリング・フィールド

NEWS 2

Darfur—Killing Fields in Africa

① 2004年11月14日、英国のテレビで放映されたBBCドキュメンタリー「新たなキリング・フィールド」は、スーダン西部のダルフール地方において、アラブ人が黒人アフリカ系住民に対して行った、明らかに大規模な民族浄化の事例と思われるものに世界中の人々の目を開かせた。同月、国連に任命された調査委員会がダルフールに入って、過去6カ月間に10万人近い人々が殺されたとされる事態が大量虐殺に当たるかどうかを調査した。

② ダルフール地方が辺境にあるため、何カ月にも及んだ虐殺が外部世界に広く知られることはなかったが、ジャンジャウィードとして知られるアラブ系民兵による黒人アフリカ系住民の村々に対する組織的な攻撃により100万人近い難民が発生している事実は無視できるものではなかった。ジャンジャウィードはスーダン国軍に支援されていたようである。ダルフールの黒人系住民の多くは家を焼き払われ、大規模な難民キャンプができていた。

③ 国連はハルツーム政府にジャンジャウィード民兵を解体し、殺戮を阻止するよう命じる2本の決議を発令したが、この安全保障理事会の要請は無視された。アフリカ連合は関与を強化し、8月からダルフールに軍隊を駐留させた。しかし、その軍隊は、殺戮を完全に阻止するにはあまりにも規模が小さかった。

④ 人道的な危機は深刻なものだ。世界保険機関の報告によると、過去5カ月間に、家を追われた7万人を超える人々が難民キャンプで死亡し、適切な救助物資が搬入されないなら、毎月およそ1万人が継続的に死亡することになるという。

World

ニュース英語に注目！

genocide （名）大量殺人；大虐殺

　ニュースでは戦争やテロなどで、多数の人々が同時に死に追いやられる悲惨な事件が報道されることが多い。genocide は mass murder の意で、「大量殺人」を指す。類義語として、slaughter、carnage、massacre などがあるが、言い換え表現として同じ記事で使われることも多い。

　holocaust も同意だが、the Holocaust と頭字を大文字で使えば、ナチス・ドイツによる「ユダヤ人の大量虐殺」に限定される。ethnic cleansing は旧ユーゴスラビア内戦で異民族に対して集団的に行われた殺人や暴行を指して使われるようになった言い方で、「民族浄化」という訳が定着している。

Background Story

辺境の地の惨劇

　スーダン西部のダルフール地方は歴史的に、フール人を中心とする黒人系住民とアラブ系住民が混住する地域で、両者の間で、土地や水資源をめぐり、紛争が絶えなかった。また、同地域は20世紀までは奴隷交易の中心地の1つでもあり、奴隷獲得のため、フール人とアラブ系の奴隷主が競り合った。

　今回の紛争は、2003年2月、アラブ系が牛耳るスーダン政府に不満を募らせた黒人系住民が、「正義と平等運動」（JEM）などの反政府組織に率いられて蜂起したことに始まる。

　これに対して、アラブ系の民兵組織「ジャンジャウィード」（Janjaweed）が反撃。スーダン政府の支援を受けたジャンジャウィードは、黒人系住民の村落を次々に襲撃、大規模な虐殺を引き起こした。紛争による混乱のなか、病気や飢餓もまん延。現在までに20万人以上が死亡、250万人以上が難民となったと言われる。

　ダルフール地方は内陸の「辺境の地」であり、紛争の実態が報道され、世界の人々の目に触れるのに時間がかかった。その間に多くの人命が失われた。

　07年7月、国連はアフリカ連合（AU）と協力して、2万6千人規模の平和維持部隊を派遣。国連を中心に和平に向けた努力が続けられていたが、ようやく10年2月23日、カタールのドーハで、スーダン政府とJEMが和平合意文書に調印した。

Big Quake① off Sumatra

津波の爪痕。モスクを残してすべてが流失した。インドネシア・バンダアチェ。
© PANA通信社

The magnitude 9.3 earthquake that struck② the ocean floor③ west of the Indonesian island of Sumatra on December 26, 2004, caused several tsunamis④ with waves up to 30 meters (100 feet) high that rushed⑤ as far as three kilometers inland⑥ on the Sumatra coast, causing great destruction and killing thousands of residents and

Notes

title
① quake （名）地震

1
② strike （動）〜を襲う；〜を打つ
 ＊ strike-struck-struck
③ ocean floor 海洋底
④ tsunami （名）津波
⑤ rush （動）急いで行く
⑥ inland （副）内陸へ
⑦ site （名）場所
⑧ tidal wave 津波
⑨ staggering （形）驚異的な

tourists in coastal areas. Sites[7] in other countries were also hit by smaller but still deadly tidal waves[8]. Thailand was struck by tsunamis about 75 minutes after the quake occurred, and the eastern coasts of Sri Lanka and India were hit by giant waves about four hours after the tremor. Death and destruction spread even to the shores of Africa 5,000 km away. The staggering[9] death toll[10] of what is known today as the Indian Ocean Tsunami, makes it the deadliest in recorded history.

The earthquake itself, later named the Sumatra-Andaman Islands Earthquake, was the highest magnitude quake recorded anywhere in the world in over 40 years. Some 227,898 people have been confirmed[11] dead from the quake and its resulting tsunamis, making it the fourth largest death toll from an earthquake in recorded history.

The plight[12] of the many people in the stricken areas prompted[13] humanitarian aid[14] from around the world. In all, more than US$7 billion was donated to rebuild infrastructure[15] and provide food, water and medical care[16] for the quake's victims.

The tragedy also brought to light[17] the need for a tsunami warning system for the Indian Ocean like the one in the Pacific Ocean that monitors earthquake and wave activity with a network of buoys[18] and deep-sea instruments[19].

---

⑩ death toll　死亡者数
⑪ confirm　（動）〜を確かめる
⑫ plight　（名）苦境
⑬ prompt　（動）〜を促す
⑭ humanitarian aid　人道的援助
⑮ infrastructure　（名）インフラ；経済活動の基盤施設
⑯ medical care　医療
⑰ bring 〜 to light　〜を明るみに出す
⑱ buoy　（名）ブイ；浮標
⑲ instrument　（名）器具

スマトラ沖大地震
Big Quake off Sumatra

NEWS 3

[1] 2004年12月26日、インドネシアのスマトラ島西の海底でマグニチュード9.3の地震が発生した。この地震で最大30メートル(100フィート)の高さの複数の津波がスマトラ島沿岸部の内陸3キロメートルにまで押し寄せ、沿岸地域を大きく破壊し、多くの住民と観光客が亡くなった。これより規模は小さいが他の国々の津波に見舞われた場所でも、やはり犠牲者を出した。タイは地震発生からおよそ75分後に津波に襲われ、スリランカやインドの東海岸は地震後4時間ほど経って巨大な波が来た。死者や破壊は5千キロ離れたアフリカの海岸にさえも及んだ。今日「インド洋津波」として知られるこの津波による膨大な死亡者数は、記録に残る中で最大級である。

[2] この地震そのものは、後に「スマトラ・アンダマン諸島地震」と名づけられたが、この40年余りの間に世界で観測されたなかでマグニチュードが最大の地震である。地震と津波により227,898人ほどの死亡が確認されたが、史上4番目に多い死亡者数となる。

[3] 被災地の多くの人々の窮状が、世界中からの人道的援助を促した。インフラを立て直し、地震の被災者に食料・水・医療を提供するため、合計70億ドル以上の寄付が集まった。

[4] この惨事はまた、太平洋にあるような津波警報システムがインド洋にも必要だということを明らかにした。このシステムは、ブイと深海に設置した計器のネットワークで地震と波の活動を監視するものだ。

World

ニュース英語に注目！

tremor （名）震動；揺れ；震え

地震の時には地面が「震動」するので、earthquake や quake（地震）の言い替えで使われることが多い。他に、体や声の震えや揺れに対しても使われる。
　aftershock は「余震」。quake-stricken area は「地震の被災地」。
　「地震が〜を襲った（で起こった）」という場合、動詞 strike や hit がよく使われる。
・A massive earthquake struck [hit] the region.（巨大地震がその地域を襲った）
　地震のような natural disaster（自然災害）には他に、flood（洪水）、landslide（地すべり）、volcanic eruption（火山噴火）、avalanche（雪崩）などがある。

Background Story

観測史上2番目の大規模地震

　スマトラ沖地震とは、スマトラ島周辺で起こる大きな地震の呼び名で、近年でも複数の地震が発生している。しかし、大きな被害を出した2004年の地震以降は、この地震を指すことが多くなった。

　この地域には、インド・オーストラリアプレートとユーラシアプレートがぶつかるジャワ海溝があり、世界有数の地震多発地帯である。昔から100年程度の周期で、地震が繰り返されており、2004年の大規模な地震はこの周期で起こったものだと見られている。

　このM9.3*の地震では、プレートの境界が1千キロ以上もの広範囲にわたってずれた。マグニチュードが0.2増えるとエネルギーは約2倍、1増えると32倍、2増えると1千倍にもなるため、このとき放出されたエネルギーは、M 6.9**の阪神淡路大震災時（1995年）の約4千倍。観測記録に残るものとしては1960年に起こったM9.5のチリ地震に次ぐマグニチュードの規模であった。

　この地震による犠牲者のほとんどは津波によるものだった。地震や津波に遭ったことがない地域では、津波の警報や注意がほとんどなかったため被害が拡大した。また、年末やクリスマス休暇の時期で、プーケット島などのリゾート地では、日本や欧米諸国などからの観光客が多数犠牲になった。

＊研究機関により9.0〜9.3の幅がある。Mはモーメントマグニチュード。
＊＊気象庁のマグニチュードではM7.3。

NEWS 4
CD 8

PLO's Arafat Dies—Outlook① Uncertain② for Palestine

オスロ宣言調印式で、ラビン・イスラエル首相と握手するアラファトPLO議長
© PANA通信社

1 Palestinian leader Yasser Arafat died in a hospital in Paris on the morning of November 11, 2004 at the age of 75. Arafat has symbolized③ the Palestinian struggle for the last four decades. He rose to leadership first as a guerrilla fighter, but he eventually④ became a peacemaker who won the 1994 Nobel Peace Prize

Notes

title
① outlook （名）見通し；眺望
② uncertain （形）はっきりしない
1
③ symbolize （動）〜を象徴する
④ eventually （副）結局は
2
⑤ aspiration （名）切望
⑥ rule （名）支配；統治
⑦ authoritarian （形）権威[独裁]主義の
⑧ corrupt （形）（政治的に）腐敗した
⑨ settlement （名）入植(地)

along with Israeli leaders Yitzhak Rabin and Shimon Peres. Many will long remember the historic handshake between the former enemies Arafat and Rabin on the White House lawn with President Clinton after signing the Oslo Declaration of Principles to begin the Israeli-Palestinian peace process on September 13, 1993.

For many Palestinians, Arafat was the symbol of their national aspirations to establish a free and independent state of Palestine. However, his rule of the Palestinian territories as head of the Palestine Liberation Organization (PLO) was authoritarian and often corrupt, and he never did succeed in reaching a peace agreement with the Israelis due to the lingering problems of the Israeli settlements in the West Bank and continued terrorist activities. As a result, the last four years of Arafat's life were mired in a lingering intifada against Israel that has caused the deaths of thousands of Israelis and Palestinians.

Arafat also failed to groom a successor to his leadership, but Mahmoud Abbas, the secretary general of the PLO, was elected its chairman within hours of Arafat's death and now serves as President of the Palestinian Authority. Abbas's demand that Israel end settlement building before he will attend talks continues to keep the peace process in a stalemate, with no end in sight.

⑩ West Bank　ヨルダン川西岸地区
⑪ be mired in　〜にはまり込む
⑫ lingering　(形)長引く
⑬ intifada　(名)インティファーダ；民衆蜂起

3
⑭ groom　(動)(人)を仕込む
⑮ successor　(名)後継者
⑯ elect　(動)〜を(投票で)選ぶ
⑰ stalemate　(名)行き詰まり

PLOのアラファト死去─
パレスチナの先行きは不透明

PLO's Arafat Dies—Outlook Uncertain for Palestine

1　パレスチナのリーダーであるヤセル・アラファトが、パリにある病院で2004年11月11日の朝に75歳で亡くなった。アラファトは、過去40年間パレスチナ紛争の象徴であった。最初はゲリラ兵として指導者の地位についたが、ついには調停者となりイスラエルの指導者イツハク・ラビンとシモン・ペレスと共に1994年にノーベル平和賞を受賞した。1993年9月13日に、イスラエルとパレスチナの和平プロセスを始めるためにオスロ宣言に調印した後、クリントン大統領と共にホワイトハウスの芝生に立ち、これまで敵対していたアラファトとラビンが交わした歴史的な握手を多くの人々はいつまでも忘れないだろう。

2　多くのパレスチナ人にとって、アラファトは自由で独立したパレスチナ国家の樹立を強く望む国民たちのシンボルだった。アラファトはパレスチナ解放機構(PLO)の議長としてパレスチナ領土を統治したが、独裁的でたいていは腐敗していたし、ヨルダン川西岸での長引くイスラエルの入植地問題と繰り返されるテロ行為のせいで、イスラエルと和平合意に達することはなかった。結果として、最晩年4年間のアラファトの生活は、多数のイスラエル人とパレスチナ人が亡くなったイスラエルに対する長引くインティファーダの泥沼にはまり込んでいた。

3　アラファトはまた、指導者である自分の後継者を準備できなかった。しかしアラファト死去後数時間のうちに、PLOのマハムード・アッバス事務局長が、議長に選出され、現在はパレスチナ自治政府の大統領を務めている。アッバスは自分が協議に参加する前にイスラエルが入植地建設を中止するよう要求しているが、この要求のために和平プロセスのこう着状態が続き、終わりが見えない。

World

ニュース英語に注目！

struggle （名）戦い；争い；苦闘　（動）闘う；奮闘する

「長い期間にわたる厳しい戦い」のこと。a power struggle は「権力争い」。動詞として、「苦労しながら必死に努力する」ときにも使われる。

- The country supported Pakistan in the struggle against extremists.
  （その国は、過激派と闘うパキスタンを援助した）
- Many people are struggling to pay off their debts.
  （多くの人々が借金の返済に苦しんでいる）

一般に広く「戦い；争い」の意味で使われるのは fight や battle で、短い争いは clash（violent clash [武力衝突]）、combat は主に戦争での戦い。

Background Story

終わりなき紛争

　パレスチナの地を巡るイスラエルとパレスチナの争いは、ユダヤ人対アラブ人の民族紛争である。

　19世紀末以降、ユダヤ人たちは迫害を逃れ、自分たちの国を建国するためパレスチナへ移住を始め（シオニズム運動）、アラブ住民と衝突が起こる。1948年ユダヤ人はイスラエルの建国を一方的に宣言。これに反対するアラブ諸国との間で戦争が始まり、67年の第3次中東戦争で、イスラエルはヨルダン川西岸地区やガザ地区を占領下に置いた。前後して、パレスチナ解放機構（PLO）など反対勢力の活動が活発になる。

　アラファト氏は69年にPLO議長になり、対イスラエル武装闘争を指揮したが、93年にオスロ合意に調印し、イスラエルとの和平に舵を切る。これが評価され、翌年ノーベル平和賞を受賞。パレスチナ自治政府の初代議長に就任したが、2000年に発生したパレスチナ人のイスラエルに対するインティファーダ（民衆蜂起）を放置。イスラエルから、和平の障害とみなされ、02年からイスラエル軍の軟禁下に置かれていた。

　一方、イスラエルはユダヤ人入植地を拡大していったが、国際法上、占領地への入植は違法。05年にはガザの入植地は撤去されたが、東エルサレム*を含むヨルダン川西岸では今も新たな入植地の拡大を進めており、対立は続いている。

*エルサレムの東部地域で、旧市街にはイスラム教とユダヤ教の聖地が集まる「神殿の丘」がある。

NEWS 5
Ethnic Rioting① in France

パリの街を歩くアラブ系移民の女性
© Fotolia

1

On November 8, 2005, French President Jacques Chirac declared② a state of emergency③ following a week and a half of civil unrest④ that began in Paris on the night of October 27 and spread to poor housing projects in various parts of France. The riots were triggered⑤ initially by the deaths of two teenagers in a poor

Notes

title
① rioting （名）暴動　＊riot も同意。

1
② declare （動）宣言する；発令する
③ state of emergency　非常事態宣言
④ unrest （名）騒動；騒乱
⑤ trigger （動）～の引き金を引く
⑥ commune （名）コミューン　＊フランスの最小行政区

2
⑦ be fed by　～に煽られる
⑧ pent-up （形）抑圧された

commune[6] in an eastern suburb of Paris and involved mainly the burning of cars and public buildings at night. Thousands of vehicles were burned, and close to 2,900 rioters were arrested.

[2] The riots were fed by[7] the pent-up[8] anger and resentment[9] among the young second generation of the North African and African immigrants in French cities, who have been sadly ignored and kept in poverty by a system that doesn't care about their needs. The grievances[10] of the young people in these communities are genuine[11], as they face discrimination[12] in education and employment that keeps them marginalized[13] in French society.

[3] Once the rioting became widespread[14], the police lacked the numbers and skills to restore[15] order. In many cases they could only respond with the kind of violence that enraged[16] the crowds even more. In fact, the French police have often been criticized[17] by watchdog groups[18] like Amnesty International for violence and racism[19] in dealing with the non-white minorities of the suburbs.

[4] The 2005 riots have shown France that it must change its attitude and policies toward its immigrant population. President Nicolas Sarkozy won the 2007 elections thanks to[20] public concern on both sides of this issue, and one of his campaign promises was to establish a ministry for immigration and national identity.

⑨ resentment （名）憤り；恨み
⑩ grievance （名）不満のもと；苦情
⑪ genuine （形）真正な；本物の
⑫ discrimination （名）差別
⑬ marginalize （動）～を過小評価する
[3]
⑭ widespread （形）広がった
⑮ restore （動）～を回復する
⑯ enrage （動）～を激怒させる
⑰ criticize （動）～を批判する；～を非難する
⑱ watchdog group （人権）監視団体
⑲ racism （名）人種差別(主義)
[4]
⑳ thanks to ～のおかげで

フランスで移民暴動
Ethnic Rioting in France

NEWS 5

1 　2005年11月8日、ジャック・シラク仏大統領は、非常事態宣言を発令した。10月27日の夜にパリで発生して、フランス各地の低所得者居住地域に飛び火した市民の騒乱が1週間半にわたって続いた後のことだ。暴動は、パリの東郊外の貧困地域で十代の若者2人が死亡したことをきっかけに発生したもので、主に、夜間に車や公共ビルが放火されるというものだった。数千台の車が焼かれ、2,900人近い暴徒が逮捕された。

2 　この暴動は、フランスの各都市に住む北アフリカやアフリカ移民の第2世代の若者たちが抱える抑圧された怒りと憤りに煽られたものだ。彼らは、自分たちの欲求に配慮しない社会システムによって、不幸にも無視され、貧困状態に放置されてきた。これらコミュニティの若者の不満は正真正銘のもので、彼らは教育と雇用の差別に直面し、結果として、フランス社会で取り残された状態のままなのである。

3 　暴動がひとたび拡大すると、警察は秩序を回復するための人員と能力を欠いた。多くの場合、実力行使で対応することしかできず、暴徒の怒りをさらに煽る結果となった。実際に、フランス警察は、郊外地域の非白人マイノリティに暴力と人種差別をもって対応したとして、アムネスティ・インターナショナルなどの人権団体にたびたび非難されている。

4 　2005年の暴動はフランスに、移民に対する対応と政策を変更しなければならないことを教えた。この問題の持つ2つの側面に国民が関心をもったおかげで、2007年の選挙でニコラ・サルコジは大統領となったが、彼の選挙活動における公約の1つは「移民・国家統合省」の創設だった。

World

ニュース英語に注目！

state of emergency　非常事態宣言

　政治的混乱や自然災害により、一定地域または国全体に対して政府が一般法より優先する特別法を発動すること。「非常事態宣言を発令する」は declare a state of emergency と言う。政治的混乱の場合には国軍を出動させて、事態の沈静化を図る。

　似た表現に siege があるが、こちらは軍事的に包囲・制圧された状態を指す。under siege で「軍事的に制圧されて」。curfew はやはり非常事態時に出される「夜間外出禁止令」のこと。家庭で使えば「門限」。

　martial law は「戒厳令」と訳されるが、軍事政権が一般法の停止を行うこと。現在のミャンマーやかつてのフィリピンのように、施行期間が長期に及ぶこともある。

Background Story

移民問題に悩むフランス

　暴動のきっかけは、パリ郊外のセーヌ＝サン＝ドニ県で、強盗事件を捜査していた警官に追跡された北アフリカ出身の若者3人が、発電所に逃げこみ、2人が感電死、1人が重傷を負った事件である。同夜、数十人の若者が警官らに投石、車に放火をするなどして、やがて暴動に発展した。

　これを強硬に押さえ込もうとしたニコラ・サルコジ内相（当時）は、暴動に参加した若者らを「社会のくず」(la racaille) と罵った。この発言が火に油を注ぎ、暴動はパリから、北部ソンム県、中北部ロワレ県、南東部アルプ＝マリティーム県、南西部トゥールーズ市など、全国に波及した。

　暴動の背景には、政府の無策により、約430万人（うち約330万人が北アフリカ系。なお、フランスの人口は約6,260万人）にまで膨らんだ流入移民の社会的待遇が改善されていないことがある。移民の多くはスラム化した住宅地に住み、失業、差別、貧困に直面している。若者の失業率も高い。また、アルジェリア移民の中には、アルジェリア戦争でフランス側について戦った人々やその子孫も多く、フランス政府に対する怒りをうっ積させていたと言われる。

　その後、政府は「移民の選択的受け入れ」を主旨とした移民法改正（サルコジ法）を行い、サルコジ政権が誕生してからは、「移民・統合・国家アイデンティティー・共同開発省」を新設して、移民政策に力を入れるようになった。

From ASEAN Plus Three to an East Asian Community

発展著しいベトナム・ホーチミンシティ　© Fotolia

[1] The historic① first East Asia Summit (EAS) was held on December 14, 2005, in the Malaysian capital, Kuala Lumpur, two days after the annual ASEAN Plus Three Summit. The initiative② to establish③ an East Asia Summit came from a 2001 report on the East Asian

Notes

[1]
① historic （形）歴史的な意義を持つ
② initiative （名）構想；イニシアティブ
③ establish （動）〜を構築する
④ form （動）〜を作る；〜を形成する
⑤ ongoing （形）進行している；継続中の

[2]
⑥ significance （名）重要性
⑦ launch （名）発足；スタート
⑧ arise from 〜から生じる；〜に起因する
⑨ whereas （接）〜である一方で

Vision Group formed④ by the ASEAN Plus Three Cooperation in 1998. The summit was recommended in the report as a step in the ongoing⑤ effort to establish a trade bloc within East Asia like that of the European Union.

2 When the ASEAN countries created ASEAN Plus Three with neighbors China, South Korea and Japan in 1997, the significance⑥ of the new grouping was quickly demonstrated in the response to the 1997 Asian Financial Crisis. ASEAN Plus Three appeared to take the role of economic/political community building in East Asia. The launch⑦ of EAS raised the issue of whether a future East Asia Community should arise from⑧ the EAS or ASEAN Plus Three. Malaysia has said that the role of community building should fall to ASEAN Plus Three, and China apparently agrees, whereas⑨ Japan and India feel that role should belong to the EAS.

3 EAS has served as a brainstorming⑩ forum for dialogue on broad strategic⑪, political and economic issues of common interest throughout the region with the aim of promoting peace, stability⑫ and economic prosperity⑬ in East Asia. However, realization⑭ of a community like Europe's with political links and a common currency⑮ is still "very far off in the future," in the words of Japan's new Foreign Minister, Katsuya Okada.

3
⑩ brainstorming　(形) 意見を自由に言う
⑪ strategic　(形) 戦略的な
⑫ stability　(名) 安定
⑬ prosperity　(名) 繁栄
⑭ realization　(名) 実現
⑮ common currency　共通通貨

NEWS 6

ASEANプラス3から東アジア共同体へ
From ASEAN Plus Three to an East Asian Community

[1] 　2005年12月14日、歴史的な意味を持つ第1回東アジア首脳会議（EAS）が、マレーシアの首都クアラルンプールで開かれた。ASEANプラス3の年次首脳会議の2日後のことである。EASを実施しようという構想は、1998年にASEANプラス3協力会議が策定した東アジア・ビジョン・グループに関する2001年報告書から生まれたものだ。この報告書の中で、EASは、欧州連合と似通った東アジア域内の通商ブロックを構築するための継続的な努力の第一歩とうたわれていた。

[2] 　ASEAN諸国が1997年、中国、韓国、日本という近隣諸国とASEANプラス3を創設したときには、97年に発生したアジア金融危機に対処するなかで、この新しいグループの重要性はすぐに実証された。ASEANプラス3は、東アジアにおける経済的・政治的共同体の役割を果たすものと見られた。EASの発足により、将来の東アジア共同体がEASかASEANプラス3のどちらを基盤とすべきかという問題が生じた。マレーシアの主張は、共同体構築の役割はASEANプラス3にあるというもので、中国は賛同しているようだが、日本とインドはその役割はEASにあるべきだと考えている。

[3] 　EASは、東アジアにおける平和と安定、経済的繁栄を促進することを目的として、域内全域の共通した利害に係わる幅広い戦略的、政治的、経済的問題を話し合う意見交換フォーラムとして機能してきた。しかし、日本の新外相である岡田克也が言うように、政治的連携や共通通貨を有する欧州と同様の共同体が実現するのは、まだ「遠い将来のこと」であろう。

World

ニュース英語に注目!

launch （名）開始；発売　（動）開始する；発売する

もともと「やりで突く」という意味だが、「（ロケットやミサイルを）発射する」、「（船を）進水させる」のほか、「（計画や事業を）開始する」、「（商品を）発売する」など、「スタートする」の意味で、さまざまな場面で使われる。名詞も同形。

- Iran **launched** uranium enrichment which the international community had strongly opposed.
（イランは国際社会が強硬に反対していたウラン濃縮を開始した）
- The company will **launch** a new smart phone next month.
（その会社は来月、新しいスマートフォンを発売する）

Background Story

東アジア統合への道のり

　戦後の東アジアの統合構想は、1990年、当時のマハティール・マレーシア首相が提唱した東アジア経済グループ（EAEG）が最初のものである。しかし、このときは、米国に配慮する日本などの賛同が得られず、立ち消えとなった。

　その後、アジア通貨危機が発生したのを機に、97年、域内の経済問題を議論する場として、ASEAN諸国に日本、中国、韓国を加えた「ASEANプラス3」という枠組みがつくられた。同第5回目の会合において、東アジア首脳会議（EAS）が提案され、05年からEASとして4回にわたって開催されている。EASは、ASEANプラス3に、インド、オーストラリア、ニュージーランドを加える。

　09年に政権の座についた民主党の鳩山首相は、東アジア共同体構想を表明した。しかし、EAS参加16カ国を想定する日本と、ASEANプラス3に限定すべきとする国々との間に思惑の違いがあり、構想実現までには紆余曲折が予想される。

　一方で、99年にカンボジアの加盟を見て、10カ国体制が完成したASEANは、2015年までに政治・安全保障・社会・文化を含めた域内統合を深化させるASEAN共同体を実現する構想を採択しており、域内経済の自由化を急速に進めている。東アジア共同体の構成がどうなるにせよ、ASEANが同共同体の核になるのは確実である。

NEWS 7
Kosovo Declares Independence

新国旗を振りかざすコソボの人々。首都プリシュティナで。
© PANA 通信社

1 Another chapter in the violent break-up① of the former Yugoslavia appeared to be coming to an end② on February 17, 2008, when Kosovo declared its independence from Serbia. Angry Serbs responded by stoning③ the U.S. embassy in Belgrade to protest Kosovo's move, which Washington has backed despite fierce opposition from Serbia and Russia.

2 The long road to Kosovo independence began in March of 1999, when NATO launched④ air strikes against Yugoslavia in an attempt to halt⑤ the brutal⑥

Notes

1
① break-up （名）分裂；解体
② come to an end　終結する
③ stone （動）～に投石する

2

④ launch （動）～を開始する
⑤ halt （動）～を阻止する；～をやめさせる
⑥ brutal （形）残忍な；凶悪な
⑦ ethnic cleansing　民族浄化
⑧ defiant （形）傲慢な；反抗的な
⑨ regime （名）（強圧的な）政権
⑩ withdraw （動）～を撤退させる

"ethnic cleansing⑦" campaign of the defiant⑧ Milosevic regime⑨. After Serbian forces drove some 800,000 ethnic Albanians out of Kosovo into neighboring Albania and Macedonia between March and June of that year, Milosevic finally agreed to withdraw⑩ the Serbian troops⑪ from Kosovo and accept a proposal for the province⑫ to be run by the United Nations with a NATO-led peacekeeping force⑬ of 50,000. This enabled ethnic Albanian refugees to pour back into Kosovo, as Serbs fled in the face of revenge attacks⑭.

3 The recent declaration of independence follows years of ethnic clashes⑮ and fruitless⑯ talks between Serbian and Kosovo-Albanian leaders that have been ongoing since 1999. Throughout the process, the U.S. has supported Kosovo independence while Russia has firmly⑰ opposed it. Though independence was finally won and 22 of 27 European Union members have recognized the new nation, many remain pessimistic about Kosovo's future.

4 Kosovo was always an economically deprived⑱ region of the old Yugoslavia, plagued⑲ by decades of struggle between a growing Albanian majority and the ruling⑳ Serbs. At present, Kosovo lacks the resources and infrastructure㉑ to be economically viable㉒ as a nation. In that sense, true independence is still many years down the road.

---

⑪ troops （名）軍隊；部隊
⑫ province （名）州
⑬ peacekeeping force 平和維持軍
⑭ revenge attacks 報復攻撃
3
⑮ clash （名）衝突；激突
⑯ fruitless （形）実りのない

⑰ firmly （副）頑なに；強硬に
4
⑱ deprived （形）奪われた；困窮した
⑲ plague （動）～を蝕む
⑳ ruling （形）支配する；政権をとっている
㉑ infrastructure （名）経済基盤；インフラ
㉒ viable （形）生存可能な

コソボ、独立を宣言する
Kosovo Declares Independence

1 　2008年2月17日、コソボがセルビアからの独立を宣言し、旧ユーゴスラビアの暴力的な解体のもう1つの章が終わりを告げたようだ。怒ったセルビア人たちの反応は、コソボのこの行動に抗議するため、ベオグラードのアメリカ大使館に投石するというものだった。米政府は、セルビアやロシアの強硬な反対にもかかわらず、コソボのこの行動を支持してきたのである。

2 　コソボ独立への長い道のりは、NATO軍が、不敵なミロシェビッチ政権による残忍な「民族浄化」政策を阻止するため、ユーゴスラビアへの空爆に踏み切った1999年3月に始まった。この年の3月から6月の間に、セルビア軍が80万人ものアルバニア系住民をコソボから国境を接するアルバニアとマケドニアへ追いやった後、ミロシェビッチはようやく、コソボからセルビア軍を撤退させ、NATO主導の5万人規模の平和維持軍を駐留させることで国連が同自治州を統治することに合意した。この決着により、アルバニア系難民はコソボに戻ることができたが、セルビア人たちは報復攻撃を恐れて逃亡した。

3 　最近のコソボ独立宣言に至るまでは、何年もの民族間の衝突と、セルビアとコソボのアルバニア系指導者の間で1999年以来続けられてきた実りない交渉の年月があった。この過程の間ずっと、米国はコソボ独立を支持してきたが、ロシアは頑なに反対した。独立は最終的に達成され、EU27カ国中22カ国がこの新しい国を承認したが、コソボの将来については悲観的な見方がまだ多い。

4 　何十年にもわたり、増加を続ける多数派のアルバニア系住民と、政権を牛耳るセルビア人の間で繰り広げられた抗争に蝕まれ、コソボは常に旧ユーゴスラビアの中で経済的に困窮した地域であった。現在、コソボは国家として経済的に存続可能な資源とインフラを欠いている。そういう意味において、真の独立までにはまだ長い年月がかかりそうだ。

World

ニュース英語に注目！

regime　(名)（強圧的な）政権・社会体制

フランス語から入った単語で、フランス革命前の「旧体制」がAncien Régime（アンシャン・レジーム）と呼ばれたことからもわかるように、通常、ネガティブな含意がある。

- the Communist regime（共産主義政権）
- an authoritarian regime（独裁政権）

当事国から見てネガティブな印象を持つ国をthe ～ regimeと呼ぶことが多い。なお、「軍事政権」はjuntaと呼ばれることもある。こちらはスペイン語が起源。

通常、「政権；政府」にはadministrationやgovernmentが使われる。

Background Story

アルバニア系が主体の新国家

コソボ共和国はバルカン半島中部に位置し、セルビア、マケドニア、モンテネグロ、アルバニアに囲まれている。歴史的に、セルビア人とアルバニア人が混住している地域で、第二次大戦後は、セルビア共和国内の自治州となった。

1991年に始まるユーゴスラビアの解体過程の混乱のなかで、同自治州内のセルビア人とアルバニア系人の対立が先鋭化、96年には独立を目指すアルバニア系のコソボ解放軍（KLA: Kosovo Liberation Army）がセルビアの治安部隊を攻撃、武力紛争の火ぶたが切られた。民族主義的なミロシェビッチ政権が率いるセルビア軍は、コソボ自治州内で大量虐殺事件（民族浄化）を引き起こし、それがヨーロッパ諸国や米国の非難の的になる。99年3月に、NATO軍がユーゴスラビア（当時の構成国はセルビアとモンテネグロ）空爆を強行すると、セルビア軍はコソボから撤退した。

その後、国連決議によりNATO軍を中心に編成されたコソボ治安維持部隊（KFOR: Kosovo Force）が駐留して、治安回復が図られた。2007年に実施された選挙では、独立派のハシム・サチ（Hashim Thaci）氏率いるコソボ民主党（Democratic Party of Kosovo）が勝利して、同氏が首相に選出された。欧州諸国、米国の支持を取り付けた後、08年2月17日、コソボ共和国として独立を宣言した。

しかし、セルビアはコソボの一方的な独立に反対しており、ロシア、中国などコソボを独立国として承認していない国も多い。日本は承認。

Uprisings in Lhasa and Urumqi

人民武装警察の部隊ともみ合うウイグル族の女性たち。ウルムチで。
© PANA 通信社

1　Rioting broke out in Urumqi, the capital of the Xinjiang Province of China, on the night of July 5, 2009 and continued the next day as groups of ethnic Uighurs vented their anger against the Chinese authorities and the local Han Chinese population. In all, 184 people are believed to have died in the Urumqi

Notes

title
① uprising　（名）反乱；蜂起
1
② rioting　（名）暴動
③ break out　発生する；突然起こる
④ vent　（動）〜を放出する
⑤ (the) authorities　（名）当局
⑥ Han Chinese　漢民族
⑦ Uighur　（名）ウイグル人
2
⑧ on the whole　一般的に；概して
⑨ erupt　（動）起こる；爆発する

riots, including 46 Uighurs⑦ killed later in revenge attacks by Han Chinese.

On the whole⑧, however, Chinese authorities have reacted much more cautiously than they did when rioting erupted⑨ in the Tibetan capital of Lhasa in March 2008 after police used gunfire and tear gas⑩ to break up⑪ a rally⑫ led by monks⑬ on the 49th anniversary⑭ of a failed uprising against Chinese rule that forced the Dalai Lama into exile⑮. Once rioting started, Chinese authorities ordered all foreign journalists and tourists out of Tibet for nearly three months.

This time, the Chinese Foreign and Information offices in Beijing quickly took the initiative⑯ to contact foreign journalists and ask them to go to Urumqi to report on the situation. The journalists on the scene⑰ reported that the police quickly intervened⑱ wherever violence threatened⑲ and persuaded the Han Chinese not to retaliate⑳.

Discontent㉑ with Beijing's rule has been growing steadily among Uighurs in recent years, fuelled by economic development that appears to benefit mostly the region's Han Chinese population. As with last year's uprising in Tibet, the Urumqi rioting is further evidence of the failure of Beijing's policies toward its ethnic minorities, who make up one-tenth of the country's population.

⑩ tear gas　催涙ガス
⑪ break up　～を粉砕する；～を解散させる
⑫ rally　(名)デモ(隊)
⑬ monk　(名)僧侶
⑭ anniversary　(名)記念(日)
⑮ exile　(名)亡命

⑯ initiative　(名)構想；戦略；主導権
⑰ on the scene　現場の(で)
⑱ intervene　(動)～に介入する
⑲ threaten　(動)～の恐れがある
⑳ retaliate　(動)～に報復する

㉑ discontent　(名)不満

ラサとウルムチで騒乱
Uprisings in Lhasa and Urumqi

1 　2009年7月5日の夜、中国の新疆ウイグル自治区の首府ウルムチで暴動が発生し、翌日まで続いたが、これはウイグル系住民が中国当局と地元の漢民族に怒りの矛先を向けたものだった。後に漢民族に報復され殺されたウイグル系住民46人を含む、計184人がこのウルムチ暴動で死亡したと見られる。

2 　しかし全般的に見ると、中国当局は、2008年3月に、チベット自治区の首府ラサで暴動が発生したときよりも慎重に対応した。チベット暴動は、ダライ・ラマを亡命に追いやることになった反中蜂起失敗の49年目の記念日に、僧侶らに率いられたデモが行われ、警官隊がこれを銃撃と催涙ガスを使って粉砕した後に発生したものだった。ひとたび暴動が起こると、中国当局は外国人のジャーナリストと観光客のすべてを、およそ3カ月にわたって、チベットから閉め出す命令を出した。

3 　今回は、北京にある中国の外事・情報の各部局は速やかに、外国人ジャーナリストに連絡をとり、現地の状況を取材するためにウルムチに入るよう促す措置をとった。現地に入ったジャーナリストたちの報告によれば、警察は暴力行為の恐れがある場面ではすばやく介入し、報復を自制するよう漢民族を説得したという。

4 　ここ何年かにわたって、ウイグル系住民の間で、中国政府の統治に対する不満が着実に高まっていた。経済発展が地元の漢民族ばかりに恩恵をもたらしていると見えることも彼らの不満に拍車をかけた。前年のチベット騒乱と同じように、ウルムチ暴動は、全人口の10分の1を占める少数民族に対する中国政府の政策がうまく機能していないことをさらに示すことになった。

> ニュース英語に注目！

riot （名）暴動；騒乱　（動）暴動を起こす

群衆によって引き起こされる暴動を指す。政治記事で頻繁に使われる。

類義語には、tumult、insurgency、rebellion、uprisingなどがあるが、tumultは騒々しいデモなども指し、必ずしも暴力を伴わない。insurgencyは「反乱軍などが引き起こす暴動」だが、ニュースではテロ行為を指すのによく使われる。rebellionやuprisingは既存の権力に対する「反乱；武装蜂起」を意味する。

mayhemは「混乱状態」を指す言葉で、混沌とした街並みなどを表現するのにも使われる。upheavalは「暴力を伴った、あるいは急速な変化」を意味する。rallyは「デモ」のこと。

Background Story

チベットと新疆は火種を抱える

チベット、新疆ともに、歴史的に、それぞれチベット人、ウイグル人が居住する地域で、漢民族の支配が及んだのはいずれも18世紀、清朝の時代からである。両地域とも、時の中国政府との間で紛争をくり返し、中華人民共和国の自治区に編入されたのは、新疆が1955年、チベットが1966年のことだった。

人口構成は、チベット自治区（総人口269万人）ではチベット人等97％、漢民族3％、新疆ウイグル自治区（総人口2050万人）ではウイグル人等60％、漢民族40％となっているが（2006年、中国政府統計）、近年、漢民族の流入が著しく、統計数字以上に漢民族が多いと言われる。

08年のチベット暴動は、北京五輪を目前に控えて、中国に世界の注目が集まるなか、僧侶らが拘束中の政治犯の釈放を求めてデモ行進を実施、それを地元の治安当局が武力で鎮圧したのがきっかけだった。一方、新疆の騒乱は、広東省韶関市の玩具工場で漢族がウイグル人従業員を集団暴行、死亡させたというニュースが伝わったことが発火点となった。

チベット亡命政府は現在、インド北部のダラムサラ（Dharamsala）にあり、最高指導者のダライ・ラマ14世（14th Dalai Lama）がチベットにおけるチベット人の完全自治を求めて活動しているが、中国政府との交渉は遅々として進んでいない。新疆は東トルキスタン（East Turkistan）として過去に建国が図られた歴史があり、現在も東トルキスタン・イスラム運動（ETIM: East Turkistan Islamic Movement）等の組織が独立を唱えて活動している。

NEWS 9
The Start of the Obama Administration

[1] On January 20th, 2009, Barack H. Obama was sworn in① as the 44th President of the United States of America and the first African-American ever to hold that office. Well over one million people flocked② to the National Mall③ in front of the Capitol Building④ to witness⑤ this historic inauguration⑥ and many millions more watched it on television and the Internet around the world.

Notes

[1]
① be sworn in　〜に宣誓就任する
② flock　（動）群がる
③ National Mall　ナショナル・モール
　＊連邦議会議事堂前の広い国立公園
④ Capitol Building　連邦議会議事堂の建物
⑤ witness　（動）〜を目撃する
⑥ inauguration　（名）（大統領などの）就任

[2]
⑦ sobering　（形）人をまじめにさせる
⑧ an array of　ずらりと並んだ〜
⑨ inherit 〜 from ...　〜を…から引き継ぐ

2　　　The joy and expectations surrounding this administration change may soon be forgotten, however, as the new president begins to work on the sobering⑦ array of⑧ challenges he inherits from⑨ the Bush administration—a bad economy, a huge national debt, an unpopular war and more. Obama himself said that the 44th president would be "facing bigger challenges than probably any administration since Franklin Roosevelt," who became president in 1933 while the nation was in the depths of the Great Depression.

3　　　Many of the people Obama has chosen to work with on the challenges ahead are experienced veterans of the Clinton Administration, including his Democratic Primary⑩ rival Hillary Clinton, who assumes⑪ the important post of Secretary of State⑫.

4　　　Obama has stated that the leading priorities for his new administration will include new investments in the renewable energy⑬ industry, which he hopes can create as many as five million new jobs, and working toward nearly universal healthcare coverage⑭ for Americans by the end of his first term⑮.

5　　　The tasks awaiting⑯ the new president are daunting⑰ and there will be no quick fixes⑱. To tackle⑲ them and succeed, Obama will need not only experienced aides and advisors but also the cooperation of Congress and the support of the American people.

3
⑩ Democratic Primary　民主党予備選
⑪ assume　(動)(任務など)を引き受ける
⑫ Secretary of State　米国務長官

4
⑬ renewable energy　再生可能エネルギー
⑭ universal healthcare coverage　国民皆医療保険
⑮ term　(名)任期

5
⑯ await　(動)〜を待つ
⑰ daunting　(形)(仕事などが)人の気力をくじく
⑱ quick fix　手っ取り早い解決法；即効薬
⑲ tackle　(動)〜に取り組む

オバマ政権が始動
The Start of the Obama Administration

NEWS 9

1 2009年1月20日、バラク・H・オバマはアメリカ合衆国の第44代大統領として宣誓就任し、この職を務める初のアフリカ系アメリカ人となった。100万人をはるかに上回る人々が、この歴史的就任式に立ち会うため連邦議会議事堂前のナショナル・モールに集まり、さらに何百万もの人々が世界中でテレビやインターネットで就任式を見た。

2 新大統領がブッシュ政権から引き継いだ、ずらりと並んだ困難な課題——不景気、国の巨大な債務、評判の悪い戦争など——に取り組み始めたとき、この政権交代を取り巻く喜びと期待は、すぐさま忘れ去られるかもしれない。第44代大統領は「フランクリン・ルーズベルト以来、おそらくどの政権よりも大きな課題に直面する」ことになるだろうと、オバマ自身が言った。ルーズベルトは、この国が大恐慌のどん底にあった1933年に大統領になった人物だ。

3 行く手の困難な課題に共に取り組むためにオバマが選んだ人々の多くは、クリントン政権にいた経験豊かなベテランたちだ。民主党予備選挙で競ったヒラリー・クリントンも含まれており、彼女は重要なポストである国務長官に就任する。

4 オバマが述べた新政権の最優先事項には、500万もの雇用を生み出すと期待する再生可能エネルギー産業への新たな投資、そして最初の任期が終わるまでにほぼ全国民が加入する健康保険への取り組みが含まれる。

5 新大統領を待ち受けるのは気が遠くなるような仕事で、手っ取り早い解決策はない。それらに立ち向かい成功するため、オバマには経験豊かな側近や顧問だけでなく議会の協力と米国民の支持が必要だ。

World

> ニュース英語に注目！

tackle （動）〜に取り組む

アメフトやラグビーの「タックル」でお馴染みだが、動詞では「難しい問題に取り組む」という意味で頻出。類語には deal with や wrestle with があるが、tackle は他動詞なので前置詞がつかないことに注意しよう。

- Many schools are tackling the problem of bullying.
  （多くの学校がいじめの問題に取り組んでいる）

Background Story

米国初のアフリカ系大統領の挑戦

　民主党のバラク・オバマ上院議員が共和党のジョン・マケイン候補に勝利し、第44代大統領となった。過去に奴隷制度があり、今でも人種差別が根強く残るアメリカで、初の黒人大統領が誕生したのだ。

　オバマ氏は、1961年ハワイ生まれで、戦後では3番目に若い47歳で大統領となった。父親はケニア人、母親はカンザス州出身の白人。ハーバード大学ロースクールを卒業後、弁護士になった。その後、イリノイ州上院議員を経て、2004年連邦上院議員に初当選した。ミシェル夫人との間に2人の娘がいる。

　選挙戦では、"Yes, we can." のフレーズと共に「変革(Change)」を繰り返し呼びかけ、演説の巧さと人々を惹きつけるカリスマ性で、支持者を増やしていった。また、インターネットや各地での草の根的な活動により巨額の選挙資金を集めた。

　政権発足後は、山積する国内外の問題に大胆に取り組んでいる。7870億ドルもの景気刺激策に続き、多額の公的資金を銀行や保険会社、自動車会社に注入して救済。さらに、米国初の「国民皆保険」へ向けた医療保険改革法案の成立。また、自身がプラハで演説した「核兵器なき世界」への第一歩となる新核軍縮条約をロシアとの間で調印した。

　安全保障では、イランなど敵対する国家に対して、強硬政策でなく対話路線を重視したアメリカ主導の国際協調を目指すが、これを「弱腰」と批判する保守派もいる。

Column 1
パラグラフと 5W1H がニュース読解の決め手だ

● 英文記事の3つの主要素

英字新聞は通常、短時間で正確にニュースを伝えるため、headline（見出し）、lead（書き出し）、そして body（本文）で構成される。

headline だけで「何についての記事であるか」がわかり、lead を読めばそのニュースの重要事項をほとんどつかめるように書かれている。忙しくて時間がない時は headline と lead だけを読めば、何が起きたかがわかる。詳細を知りたい場合や、時間に余裕があり記事を楽しみたい場合は body も読めば、さらに詳しい情報を得ることもできるようになっている。

また、lead は anticlimax（漸降法）や「逆三角形」「逆ピラミッド型」などと言われるように、クライマックスを最初に扱うのが原則である。読む人がどこで読むのをやめてもいいように、とにかく最重要事項から書かれているわけだ。

英文記事を読む場合、この合理的な構成を利用すると効率のよい勉強ができる。本書掲載の記事は、10年間を振り返って書かれたものなので、関連事項のサマリー的なものになっているものが多いが、それでもほとんどが anticlimax の手法に沿っている。まずは headline で「どのような内容の記事か」と見当をつけ、第1パラグラフで「この記事は〜について書かれたものだ」と明確に記事全体の概要がつかめるはずだ。

● 5W1H をつかもう

5つのW（Who, When, Where, What, Why）と1つのH（How）は、日本語の新聞でも同じで、報道の原則とされており、最初の数行以内で全部出る場合がほとんどである。

例えば、本書の News 19 の1文目を見てみよう。

> Even if one were not a huge fan of baseball, one might still have been thrilled to the spectacle of <u>Ichiro setting a major-league record with his ninth consecutive 200-hit season on September 13, 2009.</u>

この文を5W1Hに注意すれば、下線部だけでこのニュースは理解できるわけである。この文章の前半は、記事をドラマティックに仕立てて読者を引きつけるための飾りの役割を果たしている。

ニュース記事は難しいと思っている人も多いようであるが、まずは5W1Hに着眼し、記事のポイントをつかむことに重点を置けば、そんなに困難なものではない。ポイントをつかむ読み方をマスターできれば、他の種類の英文も比較的楽に読めるようになる。

Chapter 2
Economy & Business

サブプライムローンの破綻に端を発した金融危機は、
米国の大手投資銀行を倒産に追い込んだばかりでなく、世界中の金融市場に伝播。
実体経済にも深刻な打撃を与えた。
一方、中国を筆頭に BRICs が新興経済国として台頭。
個別企業では韓国サムスンがエレクトロニクス業界を席巻、
一時期低迷していた米アップルが iPod の投入で華麗に復活した。

News 10　Collapse of Lehman Brothers and Financial Crisis
News 11　Euro Introduced as EU Expands
News 12　Emerging BRIC Powers
News 13　Samsung Dominates Electronics
News 14　Apple Is Back: iPod and iPhone Sales Soar
News 15　China's Stock Market Tops Japan
News 16　Toyota Withdraws from F1 Racing
News 17　'Resource Wars' Escalate

NEWS 10
Collapse① of Lehman Brothers and Financial Crisis

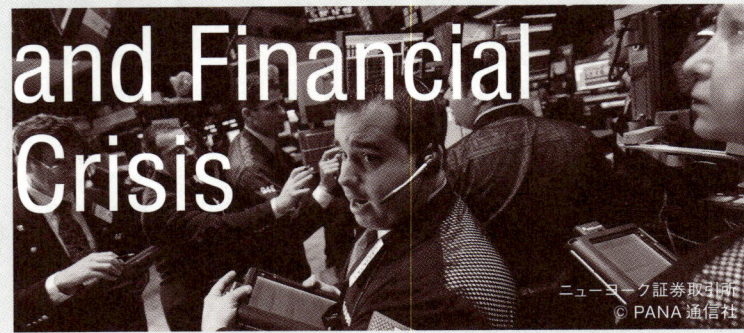

ニューヨーク証券取引所
© PANA通信社

[1] The fact that Lehman Brothers Holdings Inc. was in deep trouble had been no secret on Wall Street for several weeks. But when the 158-year-old investment bank, long considered "too big to fail," went bankrupt② on September 15, 2008, the news sent shockwaves③ throughout Wall Street and around the world. Lehman's downfall, blamed on its reckless investments in real estate and on the subprime④ crisis, plunged⑤ global financial markets into disarray⑥. The financial meltdown⑦, which former U.S. Federal Reserve Board⑧ Chairman Alan Greenspan called a "once-in-a-century credit tsunami," triggered⑨ the worst global recession

Notes

title
① collapse （名）崩壊

1
② go bankrupt 倒産する
③ shockwave （名）衝撃
④ subprime （名）サブプライム・ローン
 ＊低所得層向けの高金利不動産ローンのこと。
⑤ plunge （動）～を突っ込む；～を陥れる
⑥ disarray （名）混乱；無秩序
⑦ meltdown （名）融解；崩壊
⑧ Federal Reserve Board 連邦準備制度理事会 ＊米国の中央銀行業務を行う。

Economy & Business

since the Great Depression⑩ of the 1930s.

[2] Stock prices went into a freefall in New York, Tokyo, Paris, London and Frankfurt. On October 7, the Nikkei average lost 556 points to close at ¥9,916, the first time it went below the ¥10,000 mark in nearly five years. On October 27, the Nikkei average nosedived⑪ to ¥7,162.90, a 26-year low.

[3] The global recession dealt a hard blow to Japan's export-reliant star performers such as Toyota, Nissan, Sony and Panasonic. Their exports plummeted⑫, forcing them to drastically⑬ revise earnings estimates downward and operate far below capacity. In many enterprises, large and small, non-regular employees were fired by the tens of thousands and left to fend for themselves⑭ without food and shelter⑮. Scores of⑯ college seniors who had been assured of jobs after graduation had their placement⑰ cancelled. The jobless rate climbed steadily and topped 5 percent by the end of the year.

[4] On New Year's Eve about 300 homeless workers gathered in a tent village in a park near Tokyo Station where they were served a bowl of food to ride out⑱ the year-end in the bitter cold. Similar tent villages were opened in dozens of cities across Japan. The recession affected all aspects of national life and involved every single citizen, casting a gloomy⑲ shadow on the national and global scenes.

⑨ trigger （動）〜を誘発する
⑩ Great Depression　大恐慌
[2]
⑪ nosedive　（動）急降下する；暴落する
[3]
⑫ plummet　（動）真っすぐに落ちる；急落する
⑬ drastically　（副）徹底的に；思い切って
⑭ fend for oneself　独力で生活する；自活する
⑮ shelter　（名）住まい
⑯ scores of　多数の〜
⑰ placement　（名）仕事・職業紹介
[4]
⑱ ride out　（困難など）を乗り切る
⑲ gloomy　（形）暗い；陰気な

[5] Governments around the world worked feverishly[20] to save their financial systems, in many cases infusing[21] huge amounts of taxpayer money into struggling banks, mortgage[22] banks and, as in the U.S., industrial giants like General Motors and Chrysler.

[6] The lame-duck[23] Bush administration abandoned the Republican tradition of shying away from[24] going to the rescue of private businesses with public funds and opted for[25] bailouts[26]. It couldn't afford to see the U.S. financial system collapse with disastrous consequences for the world's money market and economy. The Democratic administration of President Barak Obama, who was sworn in on January 20, 2009, was thrust into[27] the herculean[28] task of rebuilding the financial system and the national economy.

[7] What infuriated[29] not just American taxpayers but millions upon millions around the world affected by the U.S.-triggered recession was the greed[30] and insensitivity of the captains of American capitalism. Despite their huge losses that required bailouts with taxpayer money, top executives of near-bankrupt financial and industrial firms had received billions of dollars in bonuses. A week after he entered the Oval Office, President Obama was so angered by the lack of morality of these executives that he called their actions "shameful" and the "height of irresponsibility."

---

[5]
[20] feverishly （副）熱狂的に；大あわてで
[21] infuse （動）～を注ぐ
[22] mortgage （名）住宅ローン；抵当
[6]
[23] lame-duck （形）(議員などが)任期満了前の
[24] shy away from ～を避ける
[25] opt for ～を選ぶ
[26] bailout （経済的な）緊急援助；救済措置
[27] thrust into ～に入り込む；～に分け入る
[28] herculean （形）きわめて困難な
[7]
[29] infuriate （動）～を激怒させる
[30] greed （名）貪欲

Economy & Business

NEWS 10 リーマン・ブラザーズの破綻と金融危機
Collapse of Lehman Brothers and Financial Crisis

1　　リーマン・ブラザーズ・ホールディングス社が非常に厳しい状況にあるという事実は、数週間ウォール街ではよく知られていた。だが長い間「大きすぎて潰せない」と考えられていた、この創業158年の投資銀行が2008年9月15日に倒産したとき、このニュースはウォール街全体と世界中に衝撃を与えた。リーマンの破綻は、その無謀な不動産への投資とサブプライム危機によるものであり、全世界の金融市場を混乱に陥れた。この金融危機は、アメリカ連邦準備制度理事会のアラン・グリーンスパン前議長が「百年に一度の金融のツナミ」と呼んだものだが、1930年代の大恐慌以来最悪の世界的不況の引き金となった。

2　　ニューヨーク、東京、パリ、ロンドン、フランクフルトで株価が暴落した。10月7日、日経平均は556ポイント値を下げ9,916円で終わったが、ここ約5年間で初めて1万円を下回った。10月27日、日経平均は26年ぶりの最安値7,162円90銭まで暴落した。

3　　この世界的不況は、トヨタ、日産、ソニー、パナソニックといった輸出に依存した日本の花形企業に大打撃を与えた。輸出が急減し、企業は収益予想の大幅な下方修正と非常に低い稼働率での操業を余儀なくされた。規模の大小を問わず、多くの企業では数万人の非正規従業員が解雇され、食べるものや住むところがないまま自力で生きていくことになった。卒業後の職が保証されていた多数の大学4年生が内定を取り消された。失業率は増加し続け、年末には5％を超えた。

4　　大晦日に約300人のホームレス労働者が東京駅近くの公園に設置されたテント村に集まったが、この場所では厳しい寒さの中、年末を乗り切るためにどんぶり一杯の食事が提供された。同じようなテント村が日本中の数十の都市で開設された。この不況は国民生活のあらゆる面に影響を与え、全市民を巻き込み、国家そして全世界に暗い影を落とした。

5　　世界中の政府が、自国の金融システムを救おうと、大あわてで動いた。多くの場合、納税者の巨額な金を、経営難に陥った銀行や住宅ローン取扱金融機関、そしてアメリカのようにゼネラル・モーターズやクライスラーなどの大企業に注入した。

6　　任期満了前のブッシュ政権は、公的資金を使って民間企業を救済するのを避けるという共和党の慣習を捨て、救済に乗り出した。アメリカの金融システムが、世界の金融市場と経済に悲惨な影響を与えて崩壊するのを見ているわけにはいかなかったのだ。2009年1月20日に宣誓就任したバラク・オバマ大統領の民主党政権は、金融システムと国の経済を立て直すというきわめて困難な仕事へと追い込まれた。

7　　アメリカの納税者だけでなく、アメリカ発の不況に影響を受けた世界中の何百万という人々を激怒させたのは、アメリカ資本主義のリーダーたちの強欲と無神経さだった。自分たちが出した巨額の損失を救済するのに納税者の金を必要としたにもかかわらず、破綻寸前の金融機関や企業の経営幹部たちは、何十億ドルというボーナスを受け取っていたのだ。執務に就いて1週間後、オバマ大統領は経営幹部たちのモラルの欠如に怒り、彼らの行為を「恥ずべき」で「無責任の極み」と呼んだ。

ニュース英語に注目！

collapse （名）崩壊　（動）崩壊する

「突然に崩れ落ちる」ことだが、建物・事業・価格・人などに幅広く使える。次はニュースでよく出てくる表現。意味をしっかりおさえておこう。

- 経済・事業など：the economic collapse（経済の崩壊）
- 建物・家具など：The building collapsed in the quake.（ビルが地震で倒壊した）
- 人（病気などにより）：He collapsed from a heart attack.（彼は心筋梗塞で倒れた）
- 価格・価値など：the collapse in oil prices（原油価格の下落）

Background Story

金融危機は
サブプライムローン問題から始まった

　2008年9月に米国の大手投資銀行リーマン・ブラザーズが連邦破産法第11章の適用を連邦裁判所に申請し、破綻した。これを引き金に、アメリカ経済に対する疑心暗鬼が広がり、世界中に波及した金融危機がリーマン・ショックだ。

　背景には、07年のサブプライムローン問題に端を発した住宅バブル崩壊で、不動産価格が暴落したことがある。サブプライムローンとは、通常の住宅ローンの審査には通らない信用度の低い人向けのローンだ。アメリカでは06年まで住宅価格が上がっていたため、住宅価格の継続的な上昇を見込んだ返済計画でローンを借りていたケースが数多くあった。しかし、07年に住宅価格が下落し始めるのと同時に、ローンを返済できない人が増え、住宅バブルが崩壊した。

　さらに問題だったのは、サブプライムローンが証券化され、他の金融商品に組み入れられて世界中に販売されていたことだ。何回も重ねて複雑に分割・証券化されたため、住宅ローン債券の本来のリスクが見えなくなっていた。そのため不動産価格の下落とともに、こうした金融商品に対する不安感から市場では投げ売りが相次ぎ、問題は金融市場全体に拡大していった。

　そんな中、多くの分野で資産価格の暴落が起こり、08年にはアメリカの金融危機が本格化した。そして同年9月、米政府系金融機関のフレディマックとファニーメイが事実上破綻し、続いてリーマン・ブラザーズが米史上最大の負債総額6130億ドルで経営破綻したのをきっかけに、世界的金融危機へと連鎖していった。

　アメリカ政府は金融システム安定化のため、巨額の公的資金を投入し、不良債権を金融機関より買い取る一方、企業や金融機関へ直接資本注入を行った。

　日本では、日経平均株価が7000円近くまで大暴落し、大和生命保険が破綻した。自動車や電機などの輸出型企業では、外需低迷のみならず、金融商品に変わる投資先として円が買われたことによる予想外の急速な円高にも苦しむこととなった。また、企業の業績悪化により、多くの非正規労働者が解雇され、社会問題となった。

NEWS 11

Euro Introduced as EU① Expands②

ユーロの紙幣
© Fotolia

1 January 1, 2002 marked③ the beginning of a new chapter in the history of the European Union. On that day, people in 12 of the 15 EU member states began using brand-new④ coins and banknotes⑤ for the euro—a new multinational⑥ currency—in place of⑦ their own.

Notes

title
① EU (European Union)　欧州連合
② expand　（動）拡大する

1
③ mark　（動）〜を記念する；〜を特徴づける
④ brand-new　（形）真新しい
⑤ banknote　（名）紙幣
⑥ multinational　（形）多国籍(企業)の
⑦ in place of　〜の代わりに

2
⑧ fresh reminder　改めて思い出させてくれるもの

2 The euro was a fresh reminder[8] that Europe had come a long way[9] from a continent that had been so divided by bitter rivalries[10] and conflicting[11] national interests as to spawn[12] two world wars in the first half of the 20th century. The single currency brought Europe closer to economic and political integration[13], an ambitious goal set by French statesman Robert Schuman and other far-sighted[14] leaders to build a new Europe out of the ruins[15] of World War II.

3 The introduction of the euro followed the creation in 1993 of a frontier-free[16] single market in the growing community of nations, which had by then expanded to include 12 states. That single market made it possible for goods, services, capital and people to move freely across national borders[17]. Reflecting the growing economic power of the EU, the euro quickly became one of the world's most important currencies.

4 The EU has expanded steadily[18] since its debut nearly 60 years ago. At the beginning of 2010, the EU had 27 member states with a total area of 4,234,000 square kilometers (compared to Japan's 378,000 square kilometers) and a population of 497 million (Japan's 128 million).

---

⑨ come a long way　大きく発展する
⑩ rivalry　（名）対立；競争(心)
⑪ conflicting　（形）相反する
⑫ spawn　（動）〜を引き起こす
⑬ integration　（名）統合
⑭ far-sighted　（形）先見の明がある
⑮ ruin　（名）廃墟

3
⑯ frontier-free　（形）国境のない
⑰ border　（名）国境

4
⑱ steadily　（副）着実に；堅実に

NEWS 11

EU拡大に伴うユーロ導入
Euro Introduced as EU Expands

1　　2002年1月1日は、欧州連合(EU)の歴史における新たな章の幕開けとなった。その日、15加盟国中12カ国で、新しい多国籍通貨ユーロのまっさらなコインと紙幣が、各国の通貨に代わって使われ始めたのだ。

2　　ユーロが改めて思い起こさせてくれるものは、欧州が飛躍的な発展を遂げたということだ。憎悪と相反する国家利益によって分断された大陸では、20世紀前半に2つの世界大戦が起こったほどだった。この単一通貨により、欧州は経済的・政治的統合に近づいた。欧州統合は、フランスの政治家ロベール・シューマンや他の先見の明ある指導者らが設定した、第二次世界大戦の廃墟から新生欧州を作り上げるという野心的な目標である。

3　　ユーロの導入は、1993年当時、12カ国へまで成長していた共同体に、国境を越えた単一市場を作ったことに続くものだ。この単一市場のおかげで、モノ、サービス、資本、そして人が自由に国境を越えて往来できるようになった。EUの拡大する経済力を反映して、ユーロはすぐに世界で最も重要な通貨の1つとなった。

4　　EUは、60年前に結成されて以来着実に拡大している。2010年初めには、27カ国が加盟し、総面積423万4千平方キロ(日本は37万8千平方キロ)、人口4億9700万人(日本は1億2800万人)となった。

Economy & Business

ニュース英語に注目！

currency （名）通貨；貨幣

1つの国で流通している金種や貨幣システムを指す。1国の枠を越えて使われる通貨は、この記事にもある multinational currency や、common currency（共通通貨）、world-wide currency（世界通貨）などと言う。local currency（現地通貨）に対応する。またユーロは、米ドルや日本円、英ポンドと並び、key currency（基軸通貨）とも言われる。

Background Story

ユーロとEUの通貨制度

1999年1月に導入されたユーロは、当初は電子通貨として銀行間決済の単位として使われていた。同年1月4日に、外国為替市場で初めてユーロの取引が行なわれ、1ユーロ＝1.1754-58ドル、132.55-65円でスタートした。

3年後の2002年1月1日に現金の流通が始まった。硬貨は、協定によりユーロ圏の他に3カ国（モナコ、サンマリノ、バチカン）が独自のデザインで鋳造、流通させている。紙幣の方は、統一されたデザインだが、紙幣に印刷されている番号の先頭文字で、その紙幣がどの国で印刷されたかがわかる仕組みになっている。

2010年3月現在、ユーロを使用しているのは欧州で22カ国あり、うち16カ国がEU加盟国である。基本的に主権国家が導入しているわけだが、各国の金融政策はEU加盟国が共同で設立した欧州中央銀行（ECB）に委ねる形をとる。EUのGDPはすでに世界1位になっているが、ユーロの流通量は米ドルに次ぐもので、「第2の基軸通貨」と呼ばれることも多い。

EUは、さらにその機能を強化し、政治統合を推進するため、全加盟国の批准を得て、新基本条約となる「リスボン条約」（Treaty of Lisbon）を2009年12月1日に発効。新設の「EU大統領」に前ベルギー首相のヘルマン・ファンロンパイ（Herman van Rompuy）氏、「EU外相」に英国出身のキャサリン・アシュトン（Catherine Ashton）氏が選出され、2010年1月1日から執務を開始した。

Emerging[①] BRIC Powers

インドの商都ムンバイのゲート・オブ・インディア　© Fotolia

[1] The Russian city of Yekaterinburg hosted the first official summit of BRICs—an economic bloc consisting of[②] Brazil, Russia, India, and China on May 14-16 2009. BRIC nations are rapidly growing economies and currently account for[③] 15% of the world's economy

Notes

title
① emerging　(形) 新興の；新生の

1
② consist of　〜で構成する
③ account for　〜を占める
④ foreign currency reserves　外貨準備高

2
⑤ driving force　(名) 駆動力；原動力
⑥ recovery　(名) 回復
⑦ forefront　(名) 最前部；中心
⑧ the International Monetary Fund (IMF)　国際通貨基金

and 42% of the world's foreign currency reserves④.

2 According to many participants at the summit, emerging economies were expected to be the driving force⑤ of world economic recovery⑥, and two BRIC nations were expected be at the forefront⑦. The International Monetary Fund (IMF)⑧ estimates India and China growing at 7.7% and 10% respectively⑨ for the coming year, while developed nations of the Group of 7 will still be crawling out of⑩ recession. India and China are not heavily dependent on exports to industrially developed nations, but are developing mainly due to flourishing⑪ internal demand⑫.

3 Although BRICs as a whole is expected to lead the economic recovery, there are discrepancies⑬ with individual⑭ contributions. While substantial⑮ growth is expected from India and China, Brazil is expected to post a 4.7% increase in GDP and Russia's will most likely gain 3.6%. In contrast to⑯ their counterparts⑰, Brazil and Russia are export-oriented, commodity⑱-based economies without much increasing internal demand. According to Salvador Dominguez, financial analyst at the Wilson Institute, "Russia's natural gas, oil, metals, and fertilizer⑲ export focus and its poorly developed financial, agriculture, and manufacturing sectors make it the least likely to contribute to the global economic recovery."

⑨ respectively （副）それぞれ
⑩ crawl out of ～から這い出る
⑪ flourish （動）栄える
⑫ internal demand 内需

3
⑬ discrepancy （名）不一致；矛盾
⑭ individual （形）それぞれの；個別の

⑮ substantial （形）大きな；大幅な
⑯ in contrast to ～と対照的に；～とは大違いで
⑰ counterpart （名）対をなすものの一方；相手方
⑱ commodity （名）一次産品；商品
⑲ fertilizer （名）肥料

台頭する BRICs 諸国
Emerging BRIC Powers

[1] ロシアのエカチェリンブルグ市は、初の正式な BRICs 首脳会談を 2009 年 5 月 14 日から 16 日にかけて主催した。BRICs とは、ブラジル、ロシア、インド、中国から成る経済圏のことである。BRICs 諸国は急速に発展する経済地域であり、現在、世界経済の 15%、世界の外貨準備高の 42% を占める。

[2] 首脳会談の多くの参加者によれば、新興経済国は世界経済の回復の推進力となると期待されており、BRICs の中の 2 つの国がその中心となると考えられている。国際通貨基金 (IMF) が見積もるところによると、インドと中国は来年それぞれ 7.7%、10% の成長が期待できる一方、G7 先進国は、まだ景気後退から這い出そうとする局面にとどまる。インドと中国は、工業先進国への輸出に過度に依存することなく、旺盛な内需に支えられ発展しているところだ。

[3] BRICs は全体として経済回復を牽引すると期待されているが、各国の貢献度にはばらつきがある。インドと中国については大幅な成長が見込める反面、ブラジルは GDP 成長率 4.7%、ロシアは同 3.6% にとどまりそうだ。インドや中国とは異なり、ブラジルとロシアは、内需の大きな拡大が期待できない、輸出志向型の、一次産品を基盤とした経済である。ウィルソン研究所の金融アナリストであるサルバドル・ドミンゲス氏によると、「ロシアは天然ガス、石油、金属、肥料の輸出に専心しており、金融、農業、製造業の各セクターが未発展であることから、世界経済の復興に貢献する可能性は一番低い」とのことだ。

Economy & Business

ニュース英語に注目！

emerge　（動）現れる；出てくる

　問題などが持ち上がったり、明らかになったり、人が姿を現したり、音が聞こえたりすることを表現する。

　このニュースで扱っているように、時事英語ではemergingで「新興の」、「（姿などを）現している」という意味で使われることが多い。

- **emerging** countries（新興国）
- **emerging** threat（出現する脅威）

Background Story

巨大市場に成長する4カ国

　1980年代から90年代にかけて、経済成長国はNIEs（新興工業経済地域）としてもてはやされ、なかでもアジアの4小龍（韓国、台湾、香港、シンガポール）は高度成長地域として注目された。現在、成長が著しい地域としてBRICs諸国が筆頭に上げられるが、これらの国々はかつての4小龍とは大きく異なる面を持つ。

　BRICs4カ国に人々が注目する理由としては、①国土面積が合わせて世界の29％、人口は42％を占める、②世界経済に占める割合が大きい、③過去10年間、平均年6％の成長を遂げている、ことなどが挙げられる。これら国々は、人口規模が大きいので、所得水準が高くなれば国内消費が伸び、先進国の企業にとって有望な巨大市場になると期待されているのである。

　BRICs諸国のうち、G8サミットに参加しているのはロシアのみ。中国やインド、ブラジルが参加していないのに、世界経済の問題を協議しても意味がないとして、最近では、4カ国がすべて参加するG20サミットが重視されるようになった。

　特にトップを走る中国は、経済規模が突出していて、また共産党の一党独裁という特殊事情もあることから、今後の同国の政治・経済運営には注目が集まりそうだ。

Samsung Dominates Electronics

© Fotolia

[1] Samsung's semiconductor sales have been maintaining an upward trend and the company may be in position to overtake Intel as the world's number one semiconductor manufacturer within the next decade. The trend began in the late 2000s and shows no signs of abating.

Notes

title
① dominate （動）〜を支配する；〜を牛耳る

1
② semiconductor （名）半導体
③ overtake （動）〜に追いつく；〜を追い越す
④ abate （動）勢いが弱まる

2
⑤ comparison （名）比較
⑥ post （動）〜を計上する；〜を発表する
⑦ revenue （名）売り上げ；収入
⑧ choppy （形）不安定な
⑨ usher in 〜を導く；〜を迎え入れる

Economy & Business

2   For the 2007 and 2008 year-on-year comparison[5], Samsung posted[6] a 2% increase in revenue[7] from $16.564 billion to $16.902 billion compared to Intel's $34.450 billion to $33.767 billion 2% loss. These results are for a very choppy[8] year that ushered in[9] a global economic recession[10] and also show that Samsung has remarkable[11] resilience[12] when it comes to[13] making money even in bad years.

3   Results for 2009 are even more telling in that Samsung was the only top ten semiconductor supplier to post a positive change in revenue. Although a minimal[14] 1.3% rise to $17.123 billion in 2009, Samsung showed that it has the power to thrive even in a severely[15] negative market. In contrast, Intel, Samsung's main rival for the top position, posted a 5% drop in revenue to $32.095 billion for the same period.

4   The main reason for Samsung's success is that it "is benefiting from[16] its dominance[17] in the memory market, whose performance has been dramatically[18] better than the semiconductor industry as a whole[19]," according to Dale Ford, senior vice president of iSuppli, a leading[20] technology research and advisory service.

⑩ recession　（名）景気後退
⑪ remarkable　（形）注目に値する；目立った
⑫ resilience　（名）回復力；復元力
⑬ when it comes to　〜の話になると
3
⑭ minimal　（形）わずかな；ごく小さい
⑮ severely　（副）厳しく；ひどく

4
⑯ benefit from　〜から恩恵を得る
⑰ dominance　（名）支配；優勢
⑱ dramatically　（副）劇的に；著しく
⑲ as a whole　全体として
⑳ leading　（形）トップの；有数の

サムスン、電子産業の雄に
Samsung Dominates Electronics

[1] 　サムスンの半導体の売り上げは一貫して増加傾向をたどっており、同社は次の10年のうちにインテルを追い抜き、世界一の座につく可能性がある。この勢いは2000年代の後半に始まったものだが、衰える兆しはない。

[2] 　2007年と2008年を比較すると、サムスンの(半導体の)売り上げは165億6400万米ドル(以下、ドル)から169億200万ドルへと2%増加した。一方、インテルは344億5000万ドルから337億6700万ドルへと2%の減少となっている。こうした業績は世界的な景気後退を招いた激動の年のものであり、サムスンは、低調な年にもかかわらず収益をあげるという点において、際だった回復力を示している。

[3] 　2009年の業績は、サムスンのこうした勢いをさらにはっきり示しており、半導体メーカー上位10社のうち増収を確保した唯一の会社だった。売り上げは1.3%微増の171億2300万ドルにとどまったが、サムスンは沈滞しきった市場環境においても成長する底力があることを示した。これとは対照的に、トップ企業を目指すサムスンの最大のライバルであるインテルは、同年の売り上げが320億9500万ドルと、5%の減収となった。

[4] 　技術調査・アドバイザリー・サービスのトップ企業であるアイサプリのデイル・フォード上席副社長によると、サムスンが好調である最大の理由は、「半導体産業全体に比べてはるかに好調なメモリー市場の支配により恩恵を得ている」ことにある。

Economy & Business

ニュース英語に注目！

recession （名）景気後退

　recessionは「一時的な景気の下ぶれ」を意味する言葉として使われるが、厳密には「2四半期連続のGDPのマイナス成長」を指す。

　類義語には、economic decline、downturn、slowdownなどがある。depressionはさらに状況が深刻な「不況」を指す。stagflation（スタグフレーション）は不況にインフレが併存する状態である。

　反意語はboom、upturnなど。

Background Story

日韓逆転、サムスンの勢い

　サムスン（三星）グループはヒュンダイ（現代）グループと並ぶ韓国を代表する財閥企業で、グループの売上高は1730億ドル（08年末）を誇る。同グループの中核を担い、960億ドル（同）を稼ぎ出すのがサムスン電子（Samsung Electronics）である。

　同グループの歴史は古く、1938年、サムスン商会として設立されたのが始まりである。サムスン電子の設立は69年。創業者は後に「韓国のロックフェラー」と呼ばれる李秉喆（イ・ビョンチョル）氏で、87年に事業を引き継いだ三男の李健煕（イ・ゴンヒ）氏が同グループを名実共に世界のトップ企業に育て上げた。同グループの市場価値は現在、韓国上場企業全体の約2割を占めるとも言われる。

　サムスン電子は、デバイス・ソリューション部門とデジタル・メディア／コミュニケーション部門から成り、前者は半導体やDRAM、SRAMなどのメモリーチップを生産、後者は携帯電話やPC、液晶テレビから白物家電までを幅広く手がける。DRAM、SRAM、フラッシュメモリー、カラーテレビ、モニターなどで世界のトップシェアを握り、日本勢が追う構図となっている。

　最近、サムスンの世襲をめぐる問題が人々の耳目をにぎわせた。事実上のグループ持ち株会社サムスンエバーランドの新株予約権付社債を、李健煕氏が長男の李在鎔（イ・ジェヨン）氏に譲渡しようとして訴訟にまで発展したのである。しかし、09年5月、大法院（最高裁）は「李健煕氏無罪」の判決を下した。その後、グループ会社の役員人事が大幅に刷新され、世襲は既定路線となった。

NEWS 14

Apple is Back: iPod and iPhone Sales Soar[1]

iPadの発表をするスティーブ・ジョブズCEO
© PANA通信社

1 Apple has regained its status as a Wall Street darling[2] thanks to strong sales in almost all of its product lines. The company has clearly established itself as the technology trendsetter[3] because of its ability to develop products that are hip[4], stylish, easy to use, and full of killer[5] functions that customers can't resist. That's why Apple has the best

Notes

title
① soar （動）急に上がる
1
② darling （名）最愛の人；お気に入りの人(もの)
③ trendsetter （名）流行を作り出す人
④ hip （名）流行を追う；かっこいい
⑤ killer （形）並外れた；すごい
⑥ hot seller 飛ぶように売れるもの
2
⑦ generate （動）〜を発生させる
⑧ buzz （名）ざわめき；興奮
⑨ stun （動）〜をびっくりさせる

consumer satisfaction scores by far in its industry and why Mac computers, iPods and iPhones are all hot sellers⁶.

② Another thing that sets Apple apart as a company is its unique ability to produce technology events that generate⁷ buzz⁸ in the media and among customers—like in September 2005 when CEO Steve Jobs stunned⁹ the audience by unveiling⑩ the super-slim iPod Nano. The hype⑪ generated by its events has turned Apple into a tech powerhouse and consistently made its products the next must-have⑫ devices.

③ Apple's iPod now dominates⑬ the MP3 music player market, and the iPhone is the mobile phone of choice for teenagers and businesspeople alike. These successes are partly due to the company's unmatched⑭ skill at one very important form of communication: the carefully orchestrated⑮ product release.

④ Not all Apple products are perfect—note the many glitches⑯ in the iPhone 3G—but they sell nonetheless. At the mobile phone industry's recent CTIA Wireless IT and Entertainment Show in San Francisco, Jobs proudly announced record sales for the iPhone and showed off⑰ some of the thousands of applications that have been designed for it. Some of the applications are so advanced⑱ and useful that a growing number of corporations are buying the phone for its employees to boost⑲ productivity.

---

⑩ unveil （動）〜のベールを取る；〜を明らかにする
⑪ hype （名）誇大広告；大げさな売り込み
⑫ must-have （形）なくてはならない

3
⑬ dominate （動）〜を支配する
⑭ unmatched （形）匹敵するもののいない
⑮ orchestrated （形）画策された

4
⑯ glitch （名）ちょっとした故障
⑰ show off 〜を見せびらかす
⑱ advanced （形）進んだ
⑲ boost （動）〜を押し上げる

NEWS 14

アップルが帰ってきた：
iPodとiPhoneの売れ行き好調
Apple is Back: iPod and iPhone Sales Soar

1　アップル社は、ウォール街の寵児としての地位を取り戻した。ほぼ全ての製品の売上げが伸びているのだ。流行の先を行き、おしゃれで使いやすく、客が買わずにはいられない多くの魅力的な機能を持った製品を開発するその能力により、同社がテクノロジーの流行を作り出す存在としての地位を確立したのは明らかだ。このため、アップル社の顧客満足度は業界で飛び抜けて高く、MacコンピュータやiPod、iPhoneのどれもが飛ぶように売れるのだ。

2　もう1つ、アップル社が他の会社と違うのは、マスコミと顧客の間に旋風を巻き起こすテクノロジー・イベントを考え出すたぐいまれな能力だ。2005年9月にスティーブ・ジョブズ最高経営責任者が、超薄型のiPod Nanoを発表して聴衆をあっと言わせた時のように。アップル社のイベントで生み出される大々的な宣伝が、同社を強力なテクノロジー企業に変え、その製品は常に次世代の必携機器となった。

3　今やアップル社のiPodはMP3音楽プレーヤー市場でシェアの大半を占め、iPhoneはティーンからもビジネスマンからも同じように好んで選ばれる携帯電話だ。こうした成功の理由の1つが、この会社が持つ、ある大変重要なコミュニケーションの形においての比類なき手腕、つまり、慎重に仕組まれた製品発表なのだ。

4　アップル社の製品すべてが完璧というわけではない。iPhone 3G*には多くの不具合がある。しかし、それでも売れる。最近サンフランシスコで開催された携帯電話業界のCTIA Wireless IT and Entertainment Show**で、ジョブズはiPhoneの記録的な販売数を誇らしげに発表し、iPhone用に設計された数千ものアプリケーションからいくつかを見せて自慢した。アプリケーションには、非常に先進的で便利なものがあり、ますます多くの会社が生産性向上のため従業員用にこの電話を購入している。

* iPhone 3G：第3世代携帯電話のiPhone
** ワイヤレス業界団体CTIA主催イベント

Economy & Business

ニュース英語に注目！

powerhouse （名）強力な組織・国；精力的な人

「発電所」の意味が比喩的に使われ、大きな力や影響力を持つ国や組織を指す。

- The country is the economic **powerhouse** in Asia.
（その国はアジアの経済大国だ）

ニュースでは、power を「大国」という意味で使うことがよくある。Iran is a major power in the Middle East.（イランは中東の主要国だ）。「超大国」は superpower で、アメリカやロシアのような国の言い替えでも使われる。

Background Story

スティーブ・ジョブズがアップルを復活させた

アップル社は「アップルコンピュータ社」の名で1976年に設立された。事業の中心はパーソナルコンピュータのMacintosh（Mac）シリーズで、数多くのファンを魅了したが、互換性のないマイクロソフトのOS、ウィンドウズの圧倒的シェアを前に、苦戦を強いられた。1998年にはディスプレイ一体型のiMacを発表。多色展開されたポップな色と半透明のデザインがブームを引き起こし、アップルの復活を予感させた。

一時離れていた共同設立者の一人であるスティーブ・ジョブズが2000年にCEOに就任した翌年、携帯音楽プレーヤー iPod と、その管理ソフト iTunes を発表し、音楽事業に参入。03年には、ネット上で楽曲を販売する iTunes Music Store を開始。爆発的にヒットし市場での独占的な地位を確立した。日本では05年にオンラインストアが開始され、最初の4日間だけで100万曲もダウンロードされた。

07年には、iPhoneで携帯電話産業へと進出した。マルチタッチスクリーン式で指先だけで操作でき、iPodやインターネット端末としての機能を併せ持つ。その利便性でたちまち多くのユーザーを集め、iMac、iPodに続くヒット商品となった。

さらに10年には、タブレット型コンピュータiPadを発表。電子書籍販売サイトを開設し、電子書籍市場へ本格的に参入する。現在米国で一番のシェアを持つのはアマゾンの電子書籍端末「キンドル」だが、iPadにより市場がどう変わっていくのか注目される。

China's Stock Market Tops Japan

© Fotolia

[1] On May 27, 2007, the World Federation of Exchanges released data based on "Value of Share Trading" showing that the combined value of shares traded on the

Notes

title
① top （動）〜を上回る

1
② Shenzhen　深圳　＊香港に隣接する経済特区の都市。人口約1千万人。
③ stock exchange　証券取引所
④ total　（動）合計〜になる
⑤ appreciate　（動）上昇する
⑥ practically　（副）およそ；実質的に

2
⑦ correction　（名）修正；訂正
⑧ pose a risk to　〜に危険をもたらす

Shanghai and Shenzhen② Stock Exchanges③ totaled④ $645.3 billion. The figure contrasts with the $512.4 billion traded on the Tokyo Stock and Osaka Securities Exchanges for the previous month. Chinese stocks had appreciated⑤ some 55 percent since the beginning of that year and had increased practically⑥ 300 percent since January first, 2006.

2 At the same time, the Organization of Economic Cooperation and Development (OECD) warned at that time that Chinese stocks risked a major correction⑦. The organization stated then that "high share prices pose a risk to⑧ stability⑨" and that "the existing level of share prices appears to carry the risk of a marked⑩ correction should it appear that the current growth of profits cannot be maintained."

3 Such a situation would occur if slower export growth resulted from⑪ declining⑫ world trade, the OECD stated. Although the Shanghai Stock Exchange went on to post a further 43% increase in value from late May to mid-October 2007, the worldwide recession⑬ and slowing export growth did in fact take a toll on⑭ Chinese share values. Over the next year, culminating⑮ in November 2008, Shanghai Stock Exchange Index values dropped 60% from the time of the OECD's May 2007 shrewd⑯ statements and 72% from their ultimate highs of October 2007.

⑨ stability （名）安定性
⑩ marked （形）際だった；著しい

3
⑪ result from ～に起因する
⑫ decline （動）下落する；下降する
⑬ recession （名）景気後退
⑭ take a toll on ～に損害を与える

⑮ culminate （動）最高潮に達する
⑯ shrewd （形）鋭い；洞察力のある

中国の証券市場、日本を追い抜く
China's Stock Market Tops Japan

NEWS 15

[1] 　2007年5月27日、国際証券取引所連合は「株式取引額」に基づいたデータを公表したが、それによると、上海・深圳の両取引所の合計額は6453億ドルだった。この数字に対して、東京・大阪の両取引所の前月の取引総額は5124億ドルだった。中国の株式は、同年初めから55％上昇しており、2006年の1月1日からではおよそ300％上昇していた。

[2] 　一方で、同じ時期に、経済協力開発機構(OECD)は中国の株価は大きな修正リスクを孕む、と警告を発した。OECDは、「株高騰は安定性を損なう危険がある」として、「現在の株価水準は、仮に今の利益増が維持できなくなるなら、劇的な修正リスクをもたらすだろう」と述べている。

[3] 　OECDによれば、世界貿易が沈滞し輸出の成長が鈍化すれば、こうした状況が発生し得るという。上海証券取引所の株式時価総額は2007年5月下旬から10月中旬までにさらに43％も増加したが、現に、世界的な景気後退が起こり、輸出が鈍化すると、中国の株価は大きな打撃を受けた。上海総合指数は、翌年の2008年11月に底を打つことになるが、このとき、OECDが2007年5月に示唆に富んだ声明を出したときから60％下落、2007年10月の最高値からは72％もの下落となったのである。

Economy & Business

ニュース英語に注目！

appreciate （動）上昇する；感謝する

会話などで使う第1の意味は「感謝する；評価する」だが、金融・為替の記事では increase、gain、rise と同様に「上昇する」の意味でよく使う。

- The Yen **appreciated** against the Euro 0.5% today.
 （円は今日、ユーロに対して0.5％上げた）

反意語は depreciate で、「価値を下げる；評価を下げる」の意だが、会計分野では「減価償却する」という意味で使われることも覚えておきたい。

Background Story

上海と深圳、2つの証券取引所

中国の株取引の歴史は古く、阿片戦争後の1866年、英国が租界を開いた上海で始まったとされる。証券取引所が設立されたのは1920年で、この旧上海証券取引所は、日本軍が侵攻する1941年まで運営され、戦後、いったん再開されるが、49年に共産党が政権の座につくと、再び閉鎖されることになった。

文革の混乱期を経て、78年、故鄧小平（Deng Xiaoping）氏が実権を握ると、同氏は「改革開放」（Reform and Openness）の名のもとに経済自由化を促進した。資本主義的な政策が一定の浸透を見せ、経済発展が軌道に乗ると、証券取引所も復活することになり、90年12月に上海証券取引所が、91年7月に深圳証券取引所が相次いで開設された。

いずれも、人民元で取引するA株と、外貨で取引するB株（上海：米ドル、深圳：香港ドル）で構成される。外国人投資家は原則としてB株しか購入できない。

両証券取引所は、中国の高度経済成長に乗って順調に発展し、2009年末の両取引所の時価総額（A株）は、24.3兆元（約318兆円）で、東京証券取引所の308兆円をすでに上回っている。なお、中国には、特別行政区である香港にも証券取引所があり、同取引所の時価総額は約183兆円（09年9月末）である。

NEWS 16

Toyota Withdraws from F1 Racing[①]

© Fotolia

[1] Toyota has announced that it will withdraw from the FIA Formula One World Championship (F1) at the end of the 2009 season. The Japanese car manufacturer[②] has been competing[③] in F1 since 2002, during which time its team has scored three pole positions[④], three

Notes

title
① withdraw （動）撤退する

1
② manufacturer （名）製造業社；メーカー
③ compete （動）競争する
④ pole position　ポールポジション
　＊カーレースなどで、最前列内側の最も有利なスタート位置。
⑤ podium （名）表彰台；演壇
⑥ elusive （形）巧みに逃げる

2
⑦ ultimately （副）最終的に

Economy & Business

fastest laps and 13 podiums⑤, though never that elusive⑥ first win. That may partly explain the tears of Toyota Motorsport Chairman Tadashi Yamashina at the November 4 press conference where the announcement was made by Toyota boss Akio Toyoda.

2　"This was a difficult but ultimately⑦ unavoidable decision," said Toyoda. "Since last year with the worsening⑧ economic climate⑨, we have been struggling⑩ with the question of whether to continue in F1. We are pulling out of⑪ Formula One completely. I offer my deepest apologies to Toyota's many fans for not being able to achieve the results we had targeted," he added.

3　There are legal complications⑫ involved in this move by Toyota, due to the fact that its team had previously signed the Concorde Agreement committing⑬ them to F1 participation⑭ until at least 2012. Apparently⑮, however, Toyota is willing to pay the penalty for violation of contract rather than continuing its costly F1 campaign.

4　Toyota is the third major manufacturer to quit F1 in the wake of⑯ the current economic downturn⑰, following Honda last December and BMW in July. Although this hurts the sport of auto racing, many welcome Toyota's change of course as a sign that the world's largest automaker will now be focusing on more relevant⑱ issues like eco-friendly cars for the future.

---

⑧ worsen　（動）さらに悪くなる
⑨ economic climate　経済情勢
⑩ struggle　（動）もがく
⑪ pull out of　～から撤退する

3
⑫ complication　（名）困難な状況
⑬ commit　（動）約束する

⑭ participation　（名）参加
⑮ apparently　（副）見たところ

4
⑯ in the wake of　～のあとに続いて
⑰ economic downturn　景気低迷；不況
⑱ relevant　（形）関連がある

トヨタ、F1レースから撤退
Toyota Withdraws from F1 Racing

1 　　トヨタは、2009年シーズンをもってFIA*フォーミュラ・ワン（F1）世界選手権から撤退すると発表した。この日本の自動車メーカーは2002年からF1に参戦してきた。これまでにチームは、ポールポジションを3回、最高ラップを3回獲得し、13回表彰台に立ったが、初勝利は逃がしてきた。それが、豊田章男社長が撤退を発表した11月4日の記者会見で、トヨタ・モータースポーツ社（TMG）会長の山科忠会長が涙を見せた理由のひとつかもしれない。

2 　　「難しい決断だったが、最終的には避けられなかった」と、豊田社長は述べた。「景気が悪化した去年以降、F1を続けるか否か悩んできた。我々はF1から完全撤退する。目標としてきた結果を達成することができず、トヨタの多くのファンに深くお詫びいたします」と言い添えた。

3 　　トヨタの撤退に関係して、法的に複雑な問題がある。以前にチームは、少なくとも2012年まではF1参戦を約束するコンコルド協定にサインしたという事実があるからだ。しかし、どうやらトヨタは、F1を使って費用のかかるキャンペーンを続けるよりも、違約金を払うことを望んでいるようだ。

4 　　去年12月のホンダ、7月のBMWに続き、トヨタはこの不況を受けてF1から撤退した3番目の大手メーカーだ。この撤退は、自動車レース競技にとっては痛手だが、多くの人々はトヨタの路線変更を、世界最大の自動車メーカーが、環境に優しい未来の車のような、もっと実際的な意味のある問題に力を入れていく現れとして歓迎している。

* FIA (Fédération Internationale de l'Automobile)：国際自動車連盟

Economy & Business

> ニュース英語に注目！

press conference 記者会見

press briefing とも言う。press には、ニュースには欠かせない「報道」の意味がある。

the press は「報道陣；報道機関；報道記事；マスコミ」の意味となる。press corps は「記者団」。なお、「特定の職務を遂行する集団」を意味する corps(発音注意、[kɔːr]) は the Peace Corps(平和部隊)、the Marine Corps(米海兵隊) のようにも使われる。

Background Story

トヨタに厳しい試練

トヨタは、ヨーロッパでのシェア拡大と若者へのアピールを狙って、2002年からモータースポーツの最高峰であるF1世界選手権に参戦してきた。しかし原油高や世界金融危機により経営状況は厳しくなり、初勝利を飾ることなくF1からの撤退を決定。ホンダはすでに昨年撤退しており、これでF1に参戦する日本車メーカーはなくなった。

世界に先駆け1997年に初の動力分割式ハイブリッド車のプリウスを発売した同社は、今後その経営資源を次世代の自動車産業のカギを握るエコカーへと集中する。

トヨタは、「できるだけ在庫を持たず、必要なものを必要なだけ必要なときに作る」トヨタ生産方式で、高品質で安い商品を提供し、世界市場でのシェアを拡大していった。この生産方式は、改善を繰り返して「ものづくり」の方法を効率化することでもあり、諸外国の企業でも「カイゼン」の名で採用されている。

2000年代に入って、同社は低燃費の小型車人気を追い風に、北米や新興国で着実に販売数を上げてきた。金融危機で業績は悪化したが、その一方で2008年には世界販売台数でGM*を抜き、世界一の自動車メーカーとなった。

しかし、「高品質で安全」といわれてきたトヨタ車への大規模リコールが09年から相次ぎ、不信や批判が米国内で高まった。10年2月には豊田社長が米議会の公聴会でこの問題について証言したが、失ったトヨタ車の安全神話と信頼を回復するには、まだ時間がかかりそうだ。

* GM：ゼネラル・モーターズ。米最大手の自動車会社。2009年6月に経営破綻。

NEWS 17
'Resource Wars' Escalate

CD 22

海底の天然ガスを採掘するガス井
© Fotolia

1 Africa is in the spotlight as developed and emerging countries① alike are turning their gaze on② the continent for access to its natural resources③ they badly need. Though home to④ millions of people going hungry, Africa is rich in resources, ranging from oil, gas, timber⑤

Notes

1
① emerging country　新興国
② turn one's gaze on ～　～に目を向ける
③ natural resources　天然資源
④ home to　～が存在する

⑤ timber　(名) 木材
⑥ precious　(形) 貴重な
⑦ indispensable　(形) 欠くことができない

2
⑧ insatiable　(形) 満たされることのない
⑨ appetite　(名) 欲求；食欲
⑩ raw materials　原材料

Economy & Business

to precious[6] metals indispensable[7] for sophisticated industrial products.

Far ahead in the race is China with an insatiable[8] appetite[9] for raw materials[10] needed to fuel[11] its fast growing industry. Japan, India and other resource-hungry nations are also out to have their share of Africa's resources in a foretaste[12] of "resource wars."

China has a clear edge[13] over its rivals. Even when Africa was of marginal[14] importance after World War II, China offered aid to African nations, many of which were newly independent but remained impoverished[15] by more than a century of Western colonialism.

Chinese President Hu Jintao[16] visited Africa in 2004, 2006 and 2007. In November of 2007, President Hu played host to 48 African heads of state and government at a China-Africa summit in Beijing. The participating countries proclaimed[17] "a strategic partnership," with China pledging $5 billion in low-interest loans to the African nations. A year later, Premier Wen Jiabao[18] promised the African nations $10 billion in new loans over three years at another summit held in Egypt.

China's funds are not just for tapping[19] resources but helping the African nations improve their infrastructure[20]. With a population of 940 million, Africa is not just a major resource supplier to China but also will be a huge market for its products and services.

---

⑪ fuel （動）〜を増幅させる
⑫ foretaste （名）予兆；前触れ

3
⑬ edge （名）強み；競争力
⑭ marginal （形）重要でない；辺境の
⑮ impoverish （動）〜を貧困化する

4
⑯ President Hu Jintao　胡錦涛・国家主席
⑰ proclaim （動）〜をほめ称える
⑱ Premier Wen Jiabao　温家宝・首相（国務院総理）

5
⑲ tap （動）〜を利用する
⑳ infrastructure （名）経済基盤；インフラ

「資源戦争」、激化する
'Resource Wars' Escalate

1 　　アフリカは今注目を浴びている。先進国も新興国も、大いに必要としている天然資源を入手する場として、この大陸に目を向けている。何百万という人々が飢えてはいるが、アフリカは、石油、ガス、木材から、高性能な工業製品に欠かせない貴重な金属に至るまで豊かな資源に恵まれている。

2 　　この競争で一番先頭を走っているのは、急速に成長している産業を加速させるために必要な原材料を求めてやまない中国である。日本、インド、そして他の資源不足の国もまた、アフリカの資源の分け前にあずかろうと「資源戦争」の前哨戦にある。

3 　　中国は競争相手に対して、強みを持っている。第二次世界大戦後、アフリカの重要性が低かった時期に、中国はアフリカ諸国に援助の手を差し伸べたのだ。それらの国々の多くは、ようやく独立こそ果たしたが、1世紀以上にわたり西欧諸国の植民地であったことで貧しいままであった。

4 　　胡錦涛・中国国家主席は2004年、06年、07年と、アフリカを訪問した。07年11月、胡主席は北京で行われた中国アフリカ首脳会議で、アフリカ48カ国首脳のホスト役を務めた。参加国は、アフリカ諸国に対し50億ドルの低金利借款を約束した中国との関係を「戦略的協調関係」と宣言した。1年後、エジプトで行われたもう1つの首脳会議で、温家宝首相はアフリカ諸国に3年間にわたり、新たに100億ドルの借款を供与する約束をした。

5 　　中国の資金は、単に資源を開発するためだけのものではなく、アフリカ諸国がインフラを改善する手助けにもなる。9億4千万人が暮らすアフリカは、中国にとっては単なる資源の主な供給元であるだけではなく、その製品やサービスの巨大市場にもなり得るのだ。

Economy & Business

ニュース英語に注目！

tap （動）〜を利用する

　tap danceというように、「足や手などで何かをコツコツたたく」という意味がある単語だが、moneyやfunds（資金）、resources（資源）が続く場合は「使う」という意味になる。また形容詞のuntappedは「利用されていない；未開発の」という意味があり、untapped resourcesとすれば「まだ利用されていない資源」で、これから活躍しそうな若手の人材などを指すこともできる。

Background Story

注目を集めるアフリカ大陸

　アフリカは豊かな天然資源に恵まれ、外務省の情報によれば、2004〜06年の平均GDP成長率が5%を超える国が20、インフレ率も10年前の5分の1へと低下するなど、全体として良好な経済実績を示している。長期にわたった内戦や紛争も終息に向かいつつある。反面、まだ解決の道が見えない貧困や飢餓、健康・医療の問題も抱える。

　そんなアフリカ大陸で、中国は着実に地歩を固めている。中国の進出は、資金不足の国々のインフラ整備に資金援助をする一方、天然資源の権益にアプローチするという戦略的なものだ。最近では、経済が成長軌道に乗ったインドもアフリカに食指を伸ばしている。

　天然資源を輸入に頼っている日本の対応はどうだろうか。1993年5月、アフリカの開発をテーマとする国際会議、TICAD（アフリカ開発会議：Tokyo International Conference on African Development）を東京で開催、アフリカから48カ国の国家元首・政府代表が参加した。この会議は日本政府が主導し、国連（UN）、国連開発計画（UNDP）、世界銀行（World Bank）などと共同で、5年ごとに日本で開催。またエチオピアの首都アディスアベバに本部を置くアフリカ連合（African Union）とも交流・対話を深めている。2007年度のアフリカ全体に対するODAは17億52万ドル（全体の29.4%）となっている。

Column 2
ニュースを聞き取る3つのコツ

●「誰が」「どうしたか」を理解する

　Column 1で紹介したように、ニュース英語を聞く場合にも大きなポイントとなるのが5W1Hをつかむことである。漠然と英語を聞いても、聞こえるようにもならないし、リスニング力が伸びるわけでもないが、逆に「まずは5W1Hを聞き取ろう！」という明確な目的意識を持って聞き取れば、理解度はずいぶんと上がってくる。

　5W1H全部が苦しいと思う方は、「誰(何)がどうした(何だった)」という2点だけに絞って聞くことから始めるのもいい。

● 英語の語順のまま聞き取ろう

　News 19からの1文を聞いてみよう。その場合に、以下に区切った単位で聞き取っていくと、理解しやすくなる。なお、下線は「誰・何がどうした」に当たる最重要部分である。

> There were / many open mouths and
> 　(どうした)　　　　　(誰・何が)
> watery eyes / during that game / against
> the Texas Rangers.
>
> (あった / 多くの開いた口や涙目が / そのゲームの間 / 対テキサス・レンジャーズとの)

英語の順番のままに「理解する」ことが大切で、日本語訳をする作業とはまた別のものである。これはリスニングにもリーディングにも必要不可欠である。

● スクリプトを活用する

　「聞いている(聞き流す)だけでリスニング力がアップし、ニュースも聞けるようになる」ことはあり得ない。文字で読んで理解できる英文量を増やさない限り、リスニング力は頭打ち状態になる。スクリプト(原文)を活用することが重要なのだ。関心がある分野やきちんと知りたいと思ったニュースだけでいいので、スクリプトを必ず読み、その英文を理解しよう。

　文章で理解して、聞き直すと今度はもっと明確にニュースが聞き取れるようになる。また内容を理解した後は、何度もできるだけ速く音読をしてみよう。自分の読む速度を上げると、読解とリスニング能力も伸びる。最初はスクリプトも訳も付いているインターネットの『NHK ニュースで英会話』などを活用するのもいいだろう。インターネットではBBCやCNN Student NEWSなど多種多様な英語ニュースに触れることができる。

Chapter 3
Japan

戦後初の政権交代が、この10年の最大の政治的事件だった。
与党となった民主党の政権運営に注目が集まる。
年金問題、北朝鮮拉致被害者の帰国も、多くの日本人の心をとらえた。
イチロー、村上春樹は国境を越え、
スポーツ・文化をそれぞれ代表するヒーローとなった。

News 18　DPJ's Landslide Victory: Will Japan Change?
News 19　Ichiro—A Baseball Sensation
News 20　Abductees Return from North Korea
News 21　Livedoor and Horiemon
News 22　Pension Problems
News 23　Haruki Murakami's "1Q84"
News 24　Nara Celebrates 1300th Anniversary

NEWS 18

DPJ's Lands
Will Japan C

CD 23-25

圧勝を示すボードにバラをつける、鳩山由紀夫・民主党代表
© PANA 通信社

Notes

title
① DPJ(Democratic Party of Japan)　民主党
② landslide　（名）大勝；地滑り的勝利

1
③ go to the polls　投票(所)に行く
④ blazing　（形）猛暑の
⑤ House of Representatives　衆議院
⑥ tally up　（投票）を集計する
⑦ landscape　（名）展望；見通し
⑧ opposition　（形）野党の
⑨ margin of victory　余裕の勝利
⑩ capture　（動）〜を獲得する

lide② Victory: hange?

1

The nation went to the polls③ on the blazing④ hot Sunday of August 30, 2009 to elect a new House of Representatives⑤. Within hours of tallying up⑥ the vote, the political landscape⑦ had changed completely. The opposition⑧ party known as the Democratic Party of Japan (DPJ) won a landslide, with the margin of victory⑨ beyond the wildest dreams of its supporters. Led by Yukio Hatoyama, the DPJ captured⑩ 308 seats in the 480-seat Lower House of the Diet, up from 115 before the election. The Liberal Democratic Party (LDP)⑪, which had ruled the country for most of the postwar period since 1955, shrank from a comfortable majority of 300 seats to a mere 119.

2

Popular disenchantment⑫ with the LDP had been building up steadily over the last few years. Charismatic⑬ Prime Minister Junichiro Koizumi had stepped down in September 2006 after five and a half

⑪ LDP (Liberal Democratic Party) 自民党
2
⑫ disenchantment （名）幻滅
⑬ charismatic （形）カリスマ的な
⑭ successor （名）後任(継)者
⑮ popular mandate 国民の信認
⑯ diet （名）国会

⑰ general election 総選挙
3
⑱ vow to ～することを誓う
⑲ fraternity （名）友愛(会)；兄弟関係
⑳ a large segment of ～の大半；大勢の～
4
㉑ nominate （動）～を指名する

years in office, and his three successors[14] came and went, each one serving barely a year. They had no popular mandate[15], for they had been appointed prime minister by the LDP-controlled Diet[16], not through general elections[17].

[3] The DJP put "a change of government" at the top of its election manifesto and vowed to[18] "clean up the postwar government"—a reference to five decades of LDP rule. Hatoyama's message of "Yu-ai" (Fraternity[19]), giving protection of human life and people's daily lives the highest priority, won the hearts of a large segment of[20] voters tired of the LDP.

[4] Hours after he was nominated[21] for prime minister in the Diet on September 16, Hatoyama inaugurated[22] his Cabinet that included the leaders of the two minor coalition[23] partners, the Social Democratic Party[24] and the People's New Party[25].

[5] The new government inherited[26] a daunting[27] list of domestic and foreign policy issues ranging from a deepening recession to a rising unemployment rate, to an ever-growing national debt, not to mention the question of Japan's role in Asia and the world.

[6] Bent on[28] projecting[29] a fresh image to the people, Hatoyama pledged to[30] do away with[31] the conventional[32] style of governing in which politicians had relied heavily on[33] the bureaucracy[34] in policy-making. One of the first acts of his government was to cancel or put on hold[35]

㉒ inaugurate （動）〜を開始する
㉓ coalition （名）連立
㉔ Social Democratic Party　社会民主党
㉕ People's New Party　国民新党

[5]
㉖ inherit （動）〜を引き継ぐ
㉗ daunting （形）気力をくじくような

[6]
㉘ bent on　〜に夢中(躍起)になって
㉙ project （動）〜を投影する；〜を提案する
㉚ pledge to　〜することを誓う
㉛ do away with　〜を廃止する
㉜ conventional （形）保守的な；伝統的な
㉝ rely on　〜に頼る

more than a dozen public works projects such as dams and highways deemed unnecessary or not urgently needed. Hatoyama also appointed panels of private-sector experts and DPJ lawmakers to review a wide range of budget requests submitted by ministries and agencies. In full view of ordinary citizens and in the glare of TV lights, the panelists argued hotly with bureaucrats and brought down the ax on many budget items. The unprecedented budget-cutting show proved hugely popular among taxpayers.

7 Hatoyama pledged to pursue more assertive foreign policy, stressing an "equal partnership" with the U.S., and cast Japan's role as a "bridge" between the East and West and developed and developing nations.

8 The new administration appeared to have got off to a good start, with an approval rating topping 70 percent. As the year-end approached, however, the approval rating began sliding as the economy and the employment picture remained bleak. Worse still, whiffs of money scandal involving Hatoyama and Party Secretary General Ichiro Ozawa threatened to tarnish the party's clean image.

㉞ bureaucracy （名）官僚制度(機構)
㉟ put ~ on hold ~を中断する；~を保留する
㊱ deem （動）~とみなす
㊲ glare （名）ギラギラする光
㊳ bring down the ax on ~に大鉈を振るう
㊴ unprecedented （形）前例のない

7

㊵ assertive （形）自己主張が強い

8

㊶ bleak （形）暗い；わびしい
㊷ whiff （名）かすかな香り
㊸ tarnish （動）~を汚す

民主党の地滑り的勝利、日本は変わるか
DPJ's Landslide Victory: Will Japan Change?

1 　国民が新しい衆議院議員を選ぶために投票所へ足を運んだのは、2009年8月30日、猛暑の日曜日だった。数時間の投票集計で、政治の風景は完全に変わってしまった。民主党として知られている野党が大勝したのだ。支援者たちが夢にも思わなかったほどの余裕の大勝利だった。鳩山由紀夫率いる民主党は衆議院の480議席のうち308議席を獲得し、選挙前の115議席から大幅増となった。自民党は1955年から戦後ほとんどの期間、政権を握ってきたわけだが、安定多数の300議席から119議席へと縮小した。

2 　国民の自民党に対する幻滅感はこの数年で確実に増幅していた。カリスマ的だった小泉純一郎首相は2006年9月、5年半の在任期間を全うして辞任した。その後、3人の後任者たちが就任してはわずか1年をもって相次いで辞任した。彼らは国民から信認されたのではなかった。自民党が支配する国会から指名されて総理大臣になったので、総選挙で選ばれたわけではなかったからだ。

3 　民主党は「政権交代」を選挙公約のトップに掲げ、自民党支配の50年に触れ、「戦後の政府を一掃する」と誓った。鳩山のメッセージである「友愛」は、人命保護と国民の日常生活を最優先させたこともあり、自民党にうんざりしていた有権者の大半の心をとらえた。

4 　9月16日、国会で内閣総理大臣に指名された数時間後、鳩山は内閣を発足させた。その中には、連立相手である2つの小政党の社会民主党と国民新党の党首も含まれていた。

[5] 新しい政府は、国内外ともに困難を極めるような政策課題のリストを引き継いだ。深刻化している景気後退や上昇し続ける失業率、増え続ける国家の債務、またアジアと世界における日本の役割という問題は言うまでもないことだ。

[6] 新鮮なイメージを国民に与えようとして、鳩山は、政策決定の際、政治家たちが官僚機構に過度に頼るという従来の政治スタイルをやめると誓った。鳩山内閣がまず行ったことの中には、十数件以上の公共事業を中止または延期するというものがあった。不要または不急と見なされたダムや高速道路などが対象だった。鳩山はまた、民間部門の専門家と民主党議員から成る委員会を任命し、省庁や政府機関から提出された広範囲にわたる予算要求の見直しをさせた。一般市民の環視の中、そしてテレビライトがまぶしく光る中、事業仕分け人たちは官僚たちと激しく討論し合い、多くの予算項目を削っていった。この前例のない予算削減劇は、納税者に大人気を博した。

[7] 鳩山は、米国との「対等なパートナーシップ」を強調し、より果敢な外交政策を目指すことを公約した。そして日本の役割を東と西、また先進国と途上国との「架け橋」と位置づけた。

[8] この新政権は、支持率が70%を超えるという、幸先の良いスタートを切ったようだった。だが、2009年も終わりが近づくにつれ、経済と雇用の状況が暗澹としたままであることから、支持率は下がり始めた。さらに悪いことに、鳩山と小沢一郎幹事長を巻き込んだ金銭がらみの不祥事が、党の清廉なイメージを汚す恐れが出てきた。

> ニュース英語に注目！

manifesto （名）マニフェスト；宣言（書）

　最近では「政権政策」「公約」といった意味合いで、日本語でも「マニフェスト」という言葉がよく使われるようになった。政党などが「信条と政策リスト」を文書で表明したものを指す。
　よく似た単語にmanifestがあり、こちらは動詞で「明らかにする；現れる」、形容詞で「明白な」という意味。
　どちらもラテン語のmanifestusが起源で、イタリア語経由で英語に入ったのがmanifesto、フランス語経由なのがmanifestである。

inaugurate （動）〜を就任させる；〜を開始する

　式やセレモニーを行って、新しい職責を任命したり、新しい仕事を始めたりすることを指す。形容詞形のinaugural（就任の；開会の）や名詞形のinauguration（就任；開始）は、inaugural [inauguration] speech [address]（就任演説）、inaugural [inauguration] ceremony（就任式）のように使われる。

coalition （名）連立

　「連携；同盟；一体化」といった意味を持つ。政治分野では、coalition cabinet（連立内閣）、ruling coalition（連立与党；連立政権）のように使われる。またcoalition forcesとしても連立政権を表現できるが、「多国籍（合同）軍」という意味でも使える。global coalition（世界[地球]連合）といった言葉もある。

Background Story

政権交代——歓喜と幻滅のあいだ

●自民党支配に終止符

戦後の自民党時代の総理大臣を振り返ってみると、
岸　信介　　（1957.2.25～60.7.19)
池田隼人　　（1960.7.19～64.11.9)
佐藤榮作　　（1964.11.9～72.7.7)
中曽根康弘（1982.11.27～87.11.6)
小泉純一郎（2001.4.26～06.9.26)
などが在任期間の長い例として挙げられるだろう。

ニュース本文にもあるように、小泉以降の3名——安倍晋三、福田康夫、麻生太郎らは、それぞれほぼ1年で交代しており、日本の総理大臣のポストは落ち着きがなく軽いものになってしまった。折からの金融不況もあり、国民は自民党政権に不満を募らせ、第45回衆議院選挙では、民主党に雪崩を打って票が流れた。民主党は、単独で308議席を獲得。歴史的な圧勝劇で、1996年の旧民主党結党以来、13年で悲願の政権交代を果たすことになった。

一方、自民党は300議席から119議席へと大きく後退、連立政権を組んできた公明党も31から21に議席を減らした。民主党との連立政権に加わった社会民主党は7議席と変わらず、国民新党は1議席減の3議席となった。社民党から福島瑞穂党首（消費者及び食品安全・少子化対策・男女共同参画担当大臣）、国民新党からは亀井静香党代表（金融・郵政改革担当大臣）が、鳩山内閣に加わった。

●政策の明暗

政権発足当初、国民から大きな支持を得たのは事業仕分け(screening process)だ。行政刷新会議ワーキンググループによる「仕分け作業」を見て、溜飲を下げた国民は多かっただろう。しかし、沖縄の米軍・普天間基地移設問題では、閣内で方向が定まらず迷走した。

●政治とカネ

そんな中、大きな減点材料となったのが「政治とカネ」の問題だ。2009年12月24日、東京地方検察庁特捜部は鳩山首相の資金管理団体を巡る偽装献金事件で虚偽記載、不記載、重大過失で元秘書2人を起訴した。捜査過程で、鳩山首相が04年から08年にかけて実母から毎月1500万円、計12億6千万円の資金提供を受けていたことが発覚した。

小沢一郎幹事長の土地購入を巡る問題（小沢氏は証拠不十分で不起訴）と合わせて、民主党政権の大きなイメージダウンにつながった。10年5月15、16日に朝日新聞が行った世論調査では、内閣支持率は21％だった。鳩山内閣は正念場を迎えた。

Ichiro—A Bas

[1] Even if one were not a huge fan of baseball, one might still have been thrilled to[2] the spectacle[3] of Ichiro setting a major-league record with his ninth consecutive[4] 200-hit season on September 13, 2009. There were many open mouths and watery eyes during that game against the Texas Rangers. This record is just one of many that stands as a testament[5] to all the hard work this man has put into his games.

[2] In 1992, at the age of 18, Ichiro joined the Blue Wave. Ichiro's swing style, the Furiko Daho or pendulum[6], was first thought to run counter to[7] conventional[8] hitting theory. In 1994, however, a new manager, Akira Ogi, recognized Ichiro's unparalleled[9] ability and eventually moved him to the leadoff[10] spot on the team's batting roster[11]. Ichiro set the record with 210 hits and won the MVP (most valuable player) award for that year. It was also in 1994 that this outstanding[12] player started using his given name Ichiro instead of his family name Suzuki. The

Notes

title
① sensation （名）世間を沸かせるもの

1
② be thrilled to ～に大喜びする
③ spectacle （名）見せ物；壮観
④ consecutive （形）連続した
⑤ testament （名）証拠

2
⑥ pendulum （名）振り子
⑦ run counter to ～に矛盾する
⑧ conventional （形）従来の
⑨ unparalleled （形）並ぶものがない

eball Sensation[1]

Japanese press started to refer to him as Ichiro "Hitting Machine" in 1995.

[3] When Ichiro moved to the United States as the first Japanese position player[13] to play regularly for the Marines in 2001, many people took a skeptical view of Ichiro's ability to be a world-class player. However, his tremendous[14] throwing arm and strong hitting performance made for an auspicious[15] debut; he ended the season with a remarkable rookie[16]-record of 242 hits, the most by any Major League Baseball player since 1930.

[4] It was also a notable achievement when he accumulated[17] 262 hits in a single season in 2004. George Sisler's 257 hits had stood as an insuperable[18] record for 84 years. Given Ichiro's ability to shatter[19] and make records, his many fans are excited to see what the future has in store for[20] him.

⑩ leadoff　（名）先頭打者　（形）1番の
⑪ roster　（名）（野球で）ベンチ入りできる登録メンバー
⑫ outstanding　（形）ずば抜けた；目立った

[3]
⑬ position player　野手
⑭ tremendous　（形）とてつもない

⑮ auspicious　（形）幸先のよい
⑯ rookie　（名）新人；ルーキー

[4]
⑰ accumulate　（動）〜を積み上げる
⑱ insuperable　（形）超えることができない
⑲ shatter　（動）〜を打ち砕く
⑳ have ... in store for 〜　〜のために…を用意する

107

イチロー
——野球のスーパーヒーロー
Ichiro—A Baseball Sensation

1 　野球の大ファンでなかったとしても、イチローが2009年9月13日に、9年連続200安打を放ち、メジャー・リーグの記録を打ち立てた、あの試合には大喜びしたことだろう。多くの人が口を開けあっけにとられたり、目に涙を浮かべたりしていたのは、対テキサス・レンジャーズ戦だった。この記録は、イチローが試合に全力を傾けてきた数多くの証拠の1つでしかないのだ。

2 　1992年、18歳のとき、イチローはブルーウェーブに入団。イチローの振り子打法は、当初従来の打法理論に反するものと考えられた。だが、94年に着任した新監督の仰木彬は、イチローの類い稀なる才能を認め、やがて登録メンバーの先頭打者に起用した。イチローはその年に210安打を記録し、MVP(最優秀選手)賞を獲得した。また、このすばらしい選手が名字である鈴木ではなく、名前の一朗を使いだしたのもこの94年のことだった。95年には日本のメディアは、イチローを「安打製造機」と呼び始めた。

3 　2001年、イチローはマリナーズでプレーする日本人初の野手としてアメリカへ渡ったが、多くの人は、イチローが世界的な選手として通用するのか疑問視した。しかし、イチローはその桁外れの強肩と、ヒットを繰り出す手腕で、幸先のよいデビューを飾った。そのシーズンは242本のヒットを放ち、メジャー・リーグの選手の中では1930年以来最多という、非凡なる新人記録を打ち立てたのだ。

4 　また2004年に、1シーズンで262安打を量産したのも、特筆すべき実績だった。ジョージ・シスラーの持つ257安打は、84年間にわたって破られることのない記録だったのだ。記録を塗り替えるイチローの実力を思えば、多くのファンは彼の今後の活躍に胸躍らせずにいられない。

ニュース英語に注目！

performance （名）業績；性能；興行

　日本人にとっては「演技」という意味でのパフォーマンスでなじみがある単語であるが、「業績」や「成績」なども意味し、performance evaluation（業務評価）や performance on the test（テストの成績）などのように用いられる。

　また車や機械の「性能」という意味でも用いられ、a high-performance car（高性能車）といった表現もある。

Background Story

走る、守る、打つ
——大リーグを沸かす究極の野手

　日本でも傑出した成績を残していたイチロー選手が、2001年にシアトル・マリナーズに移籍した。それまで投手が米大リーグへ移籍したケースはあったが、野手はイチロー選手が初めてのことだった。04年の262本安打達成、09年の9年連続200本安打など、その活躍ぶりは今さらここに列挙する必要もないほど、誰もが知っていることだろう。

　When in Rome, do as Romans do.（郷に入りては郷に従え）とは言うが、日本から大リーグに移籍した選手が、ガムを噛みながらプレーする姿はよく見られる。今や日本の野球でもありふれた光景だが、そうしたにわかメジャー・リーガーが多い中、イチローは礼儀正しさを失わず、求道者のように黙々と努力を積み重ね、確実に結果を残していく——そんな姿が米国人の間でも人気がある理由の1つだろう。

　先日あるインタビューで、「なぜ打率ではなくヒットを狙うのか」と聞かれ、「打率は打てないと下がるが、ヒットは打てば増えるからだ」と答えた。

　今日もこの類い稀なる天才児は、黙々と体を鍛え、理想の技を求めて練習を積み重ねている。凡人には想像もできないような苦労があるだろうが、普通の人にも勇気と希望を与えてくれるのがイチロー選手だ。

Abductees[1] Return from North Korea

北朝鮮から24年ぶりに帰国。政府専用機のタラップを降りる拉致被害者たち
© PANA通信社

1

Prime Minister Junichiro Koizumi visited Pyongyang on September 17, 2002, for talks with North Korean leader Kim Jong Il to discuss normalizing[2] bilateral[3] relations. Koizumi also asked about the fate[4] of more than a dozen Japanese nationals believed to have been abducted[5] by North Korea. In previous meetings with

---

Notes

title
①abductee （名）誘拐された人

1
②normalize （動）～を正常化する
③bilateral （形）両国間の
④fate （名）安否；運命
⑤abduct （動）～を誘拐する；～を拉致する
⑥diplomat （名）外交官
⑦spurn （動）～をはねつける；～を相手にしない
⑧allegation （名）（証拠のない）主張
⑨fabrication （名）でっちあげ

Japanese diplomats⑥, North Koreans had spurned⑦ the allegation⑧ as pure fabrication⑨.

At the summit⑩, Kim admitted that North Korean agents had committed the "deplorable⑪" act in the 1970s and early 1980s and offered an apology. To Koizumi's shock, North Korea disclosed⑫ that five abductees were alive but that eight others had already died. Koizumi came home after signing the Japan-North Korea Pyongyang Declaration⑬ on nuclear and missile issues.

A month later, five abductees—two couples who had married in North Korea and Hitomi Soga, married to Charles Robert Jenkins, a U.S. serviceman who had allegedly⑭ defected⑮ to the North while on a tour of duty in the South—returned to Japan after 24 years. North Korea's failure to give a satisfactory account⑯ of the eight others inflamed⑰ the Japanese public. The government demanded that Pyongyang reopen probes⑱ into the circumstances surrounding the alleged deaths of the eight. It also demanded that the children of the five returnees⑲ be allowed to live with their parents in Japan.

To press North Korea to live up to⑳ the Pyongyang Declaration, Koizumi flew to Pyongyang on May 22, 2004 for a second summit with Kim. He brought back five children of the two couples. Soga's two children, along with her husband Jenkins, arrived in Tokyo on July 18.

2
⑩ summit （名）首脳(陣)；首脳会談
⑪ deplorable （形）嘆かわしい
⑫ disclose （動）〜を明らかにする
⑬ declaration （名）宣言

3
⑭ allegedly （副）伝えられるところによると
⑮ defect （動）脱走する；亡命する
⑯ account （名）説明
⑰ inflame （動）〜を怒らせる
⑱ probe （名）徹底的な調査
⑲ returnee （名）帰還者

4
⑳ live up to 〜に沿う；〜にかなう

北朝鮮拉致被害者の帰国
Abductees Return from North Korea

1 　小泉純一郎首相は2002年9月17日、北朝鮮の指導者、金正日総書記(国防委員長)と両国関係の正常化について話し合うため、平壌を訪問した。小泉首相はまた、北朝鮮によって拉致されたと思われる日本人10数名の安否を尋ねた。それまでの日本の外交官との交渉では、拉致の言い分はまったくのでっちあげだとして北朝鮮は鼻にもかけなかった。

2 　この首脳会談で、金総書記は北朝鮮の工作員が1970年代と80年代初めに「遺憾な」行為を犯したことを認め、謝罪した。小泉首相が驚いたことに、北朝鮮側は、5名の拉致被害者は生存しているが、他の8名はすでに亡くなっていることを明らかにした。核とミサイル問題に関する日朝平壌宣言に署名した後、首相は帰国した。

3 　1カ月後、5名の拉致被害者が24年ぶりに日本に戻った。北朝鮮で結婚した2組の夫婦と、韓国での服務中に北朝鮮に亡命したと見なされている米軍兵士チャールズ・ロバート・ジェンキンス氏と結婚していた、曽我ひとみさんだ。他の8名に関して北朝鮮から満足な説明がなかったことは、日本人の怒りを煽った。政府は北朝鮮が8名の死に関する状況を再度、徹底的に調査するよう要求した。また帰国した5名の子供たちも親と共に日本で暮らせるよう求めた。

4 　平壌宣言を履行するよう北朝鮮に圧力をかける目的で、小泉首相は2004年5月22日に平壌に飛び、金総書記と2度目の会談に臨んだ。首相は、2組の夫婦の子供たち5名と共に帰国した。曽我さんの2人の子供たちは、夫のジェンキンス氏と共に7月18日に東京に到着した。

Japan

ニュース英語に注目！

abduct （動）〜を誘拐する；〜を拉致する

　同義のkidnapには、誘拐後、身代金などを要求する意味合いが強いが、どちらも同じように使われる場合が多い。名詞はabduction。abducteeは「誘拐された人」のことを指す。
　abduct（人）at gunpoint（銃をつきつけて（人）を誘拐する）

- He may have been **abducted** by a religious cult.
（彼はカルト宗教に誘拐されたのかもしれない）

Background Story

拉致問題と日朝平壌宣言

　1970年代から80年代にかけて、北陸などの日本海沿岸を中心に多くの日本人が行方不明となったが、警察当局の捜査や、亡命北朝鮮工作員の証言などから、北朝鮮による拉致の疑いが浮かび上がった。

　日本政府は、「拉致問題は我が国の国家主権および国民の生命と安全に関わる重大な問題であり、その解決なくしては北朝鮮との国交正常化はあり得ない」という方針を決定。この方針に基づき、北朝鮮から納得のいく説明や証拠の提示がない限りは、拉致被害者で安否がわからない人は生存しているとの前提に立ち、北朝鮮側に対し、全被害者の安全確保及び即時帰国を強く要求してきた。

　2002年、北朝鮮はそれまで長年否定してきた日本人の拉致を初めて認め、謝罪した。

　この時の首脳会談で「日朝平壌宣言」が署名された。その内容は、国交正常化のための交渉の早期再開、植民地支配に対する日本の痛切な反省と心からなる謝罪、朝鮮半島の核問題の包括的な解決のための国際合意の遵守、などを約束したものだ。さらに、北朝鮮はミサイル発射モラトリアムを2003年以降も延長する意向を表明した。

NEWS 21
Livedoor and Horiemon

六本木ヒルズ　© Paper Dragon LLC

[1] Takafumi Horie, born in Fukuoka in 1972, was lionized[1] as an aggressive entrepreneur[2] in the age of the Internet. While a student at the University of Tokyo, he launched[3] a web consultancy[4] with several friends. At age 30 he acquired Livedoor Corp, a bankrupt[5] Internet firm, and quickly made it a profitable web portal.

Notes

[1]
① lionize　（動）〜を重要人物(有名人)として扱う；〜をもてはやす
② entrepreneur　（名）起業家
③ launch　（動）〜を始める
④ consultancy　（名）コンサルタント業(会社)
⑤ bankrupt　（形）破産した；倒産した

[2]
⑥ bid　（名）企て；試み

[3]
⑦ parliamentary　（形）議会の
⑧ top aide　一番の側近

[2] At age 32, Horie stunned the nation by offering to buy a professional baseball team. His bid[6] failed but made him a national figure. Widely known by his nickname Horiemon, a name he had picked for his race horse, Horie followed up with a controversial attempt to acquire a major broadcaster in Tokyo. He gave up his bid after making huge gains by selling the broadcaster's shares.

[3] In the summer of 2005, Horie ran in the parliamentary[7] election as an independent candidate, supported by two top aides[8] to Prime Minister Junichiro Koizumi; however, he wound up losing to a veteran politician opposed to Koizumi's privatization[9] of the postal service.

[4] Despite some setbacks[10], Horie remained popular with the Net-oriented generation and boasted of[11] his business successes. He also authored several books offering tips on how to make 10 billion yen.

[5] On January 16, 2006, public prosecutors[12] raided[13] Livedoor Corp. and Horie's home, both in the posh[14] Roppongi Hills Tower in Tokyo, on charges of[15] violating securities laws. In March 2007 the Tokyo District Court sentenced[16] Horie to two and a half years in jail. His appeal was spurned[17] by the high court, but he continues to reject all charges and vows to[18] fight his way to the Supreme Court to clear his name[19].

⑨ privatization （名）民営化
[4]
⑩ setback （名）失敗；妨げ
⑪ boast of ～を自慢する
[5]
⑫ public prosecutor 検察官
⑬ raid （動）～を強制捜査する；～に踏み込む
⑭ posh （形）高級な
⑮ on charges of ～の容疑で
⑯ sentence （動）～に判決を下す
⑰ spurn （動）～を一蹴する；～を踏みつける
⑱ vow to ～することを誓う
⑲ clear one's name 汚名をそそぐ

ライブドアとホリエモン
Livedoor and Horiemon

[1] 　1972年福岡生まれの堀江貴文は、このインターネット時代が生んだ精力的な起業家としてもてはやされた。東京大学の学生時代に、数人の友人たちとウェブ・コンサルタント業をスタートした。30歳の時には、倒産したインターネット会社、ライブドアを買収し、あっという間に高収益を生み出すポータルサイトへと成長させた。

[2] 　32歳の時には、プロ野球チームの買収に名乗り出て国中を驚かせた。この試みは失敗したものの、それで国民的な知名度を得た。ホリエモンは、堀江が自分の競走馬につけた名前で、そのホリエモンで広く知られている堀江は、次に東京にある大手の放送会社を獲得しようとして物議を醸した。これもその放送局の株を売って多額の利益を得てから断念した。

[3] 　2005年の夏には、無所属で衆議院議員選挙に立候補した。当時の小泉純一郎首相の一番の側近2人が応援したが、小泉の郵政事業民営化に反対するベテランの政治家に敗れた。

[4] 　いくつかの失敗にもかかわらず、堀江はインターネット世代に人気があり、ビジネスの成功を自慢にしていた。100億円を稼ぐ方法を指南するという著書も数冊出している。

[5] 　06年1月16日、検察当局は証券取引法違反容疑で、どちらも東京の高級な六本木ヒルズにあるライブドア社と堀江の自宅を家宅捜索した。07年3月、東京地裁は2年6カ月の実刑判決を言い渡した。堀江は控訴したが、高等裁判所は一蹴。だが、堀江は今も全容疑を否認し続け、汚名をそそぐために最高裁判所まで争うと宣言している。

ニュース英語に注目！

privatization （名）民営化

　private は「個人の」という意味でだれにもなじみがある形容詞だが、「民営の」という意味で、「国営の；公営の」の反対語としてニュースでよく使われる。動詞の privatize は「個人のものにする；私有化する」という意味で、仕事を public sector（公共部門）から private sector（民間部門）へ移すこと。日本では1987年、当時の国鉄がJRに民営化された時に、privatization of the Japanese National Railways としてよく登場した。

Background Story

失墜した時代の申し子

　堀江貴文は東京大学在学中の1996年、友人たちと大手企業などのウェブサイトを制作するオン・ザ・エッジを設立した。当時の日本はまだインターネットの黎明期であり、まさに時代の申し子と呼ぶにふさわしい活躍ぶりで、2002年には経営破綻した旧ライブドア社から営業権を取得した。

　03年4月にオープンした六本木ヒルズには、堀江氏のライブドアをはじめとするITベンチャー企業が次々とオフィスをかまえた。こうした企業の経営者は、若くして富を築いた成功者として注目を浴び、「ヒルズ族」という呼称も生まれた。プロ野球球団やニッポン放送を買収しようとして話題を集めた堀江氏は、05年8月の衆議院解散に伴う総選挙で、亀井静香氏の地盤である広島6区から出馬。結果としては亀井氏11万票に対して、堀江氏は8万4千票で敗れた。

　06年1月には、証券取引法違反の容疑で自宅とオフィスの強制捜査が行われ、その1週間後に逮捕された。

　最高裁に上告中の堀江氏は09年4月、日本外国人記者協会の昼食会に招かれた。同協会で3度目となるスピーチで近況を伝えるとともに、出版したばかりの著書『徹底抗戦』（集英社）の執筆経過を語り、改めて自分に対する容疑を強く否定、検察当局や司法制度を批判した。冒頭の英語での挨拶では "My life has been something of a roller-coaster life."（私の人生はジェットコースターのようなものだった）と述べた。

Pension① Problems

① Fotolia

1 It was almost as if their banks had lost part or all of the records of their savings. In 2007 the Japanese were shocked to learn that records of pension insurance premiums② stored in the Social Insurance Agency's③ computers were missing, inaccurate④ or left unentered for years. In the process of integrating⑤ all past records into the unified Basic Pension Number System⑥, the SIA found that nearly 50 million records had been left out. The report shook to the very foundation⑦ the mandatory⑧

Notes

title
① pension （名）年金

1
② pension insurance premiums 年金保険料
③ the Social Insurance Agency 社会保険庁
④ inaccurate （形）不正確な
⑤ integrate （動）統合する
⑥ Basic Pension Number System 基礎年金番号
⑦ foundation （名）基盤；根底
⑧ mandatory （形）強制の

2

public pension plan which covers all Japanese between ages 20 and 60.

The news touched off⁽⁹⁾ a public uproar⁽¹⁰⁾. The Ministry of Health, Labor and Welfare⁽¹¹⁾, who oversees⁽¹²⁾ the SIA, ordered a complete review of the records. But the sheer number of⁽¹³⁾ records requiring checking and double-checking made the review painfully slow. The government also set up a commission to look into what had happened, why and who were to blame. In October, 2007, the panel came up with⁽¹⁴⁾ a report citing⁽¹⁵⁾ a number of factors it blamed for the SIA's disappointing performance, but only in vague⁽¹⁶⁾ language.

Since the loss of public trust in the SIA occurred over several decades during which the Liberal Democratic Party was in power, the issue cost the LDP dearly⁽¹⁷⁾ in the 2007 House of Councilors⁽¹⁸⁾ election. The LDP took a bad beating, while the opposition Democratic Party of Japan made huge gains to become the No. 1 party in the Upper House. The defeat spelled⁽¹⁹⁾ the beginning of the end of the LDP's supremacy⁽²⁰⁾ in postwar Japanese politics.

---

⑨ touch off　〜に火をつける
⑩ uproar　(名) 不満の声；騒動
⑪ Ministry of Health, Labor and Welfare　厚生労働省
⑫ oversee　(動) 〜を監視する
⑬ sheer number of　非常に多くの〜
⑭ come up with　〜を考え出す；〜を用意する
⑮ cite　(動) 〜を引き合いに出す
⑯ vague　(形) あいまいな

3
⑰ cost 〜 dearly　〜にとって高くつく
⑱ the House of Councilors　参議院
⑲ spell　(動) 〜を意味する；〜に魔法をかける
⑳ supremacy　(名) 優位；主権

NEWS 22

年金問題
Pension Problems

①　それは、ちょうど貯金の一部、あるいは全部の記録を、銀行がなくしてしまったかのようだった。2007年、社会保険庁のコンピュータに保存された年金保険料の記録が失われていたり、正確さに欠けていたり、あるいは何年も入力されないままだったと知らされ、日本人は衝撃を受けた。過去の全記録を統一された基礎年金番号にまとめるなかで、5千万件近い記録が放置されていたことを社会保険庁が見つけたのだ。この報告は、20歳から60歳の日本人全員が加入する義務のある公的年金の根幹そのものを揺さぶった。

②　このニュースは、国民的な騒動を巻き起こした。社会保険庁を監督する厚生労働省は、徹底した記録の見直しを命じた。しかし、チェックやダブルチェックを必要とする記録があまりにも多く、見直しは遅々として進まなかった。政府はまた、事実関係や原因、責任者を調査するため委員会を設置した。07年10月、委員会は社会保険庁のずさんな仕事ぶりに非があるとする多数の要因を引いた報告書を提出したが、言葉遣いはあいまいなのものだった。

③　社会保険庁に対する国民の信頼が失われたのは、自由民主党が政権を握っていた数十年間に起こったことだったため、この問題で自民党は07年の参議院選挙で高いツケを払わされた。自民党が手痛い敗北を味わった一方、野党民主党は大幅に議席を伸ばし、参議院で第一党となった。この敗北は、戦後の日本政治における自民党支配の終焉の始まりとなった。

ニュース英語に注目!

premium (名)保険料;割増価格 (形)高級な

「保険の掛け金」という意味以外に、日本語でも「プレミアムがつく」というように割増しになっている価格や料金のことや、賞金、ハイオクガソリン(high-octane gasoline)の意味もある。形容詞では「上等な;高級な」という意味。

- These hotel rooms are at a **premium** during the tourist season.
  (観光シーズンには、これらの部屋は割増料金になる)
- Some businesses place a **premium** on highly educated employees.
  (高学歴の従業員を高く評価する企業もある)

Background Story

宙に浮いた年金、消えた年金

1997年、基礎年金番号が導入され、厚生年金番号と国民年金番号が統合された。しかし2007年、処理されていない過去の記録が約5千万件あることが判明。多くは、まだ年金を受給していない人や受給資格を満たさなかった人の記録だったが、中には現在受給している人や死亡者の記録もあった。受給額が本来の金額より少なかったり、受給者が受け取れないまま亡くなったりしたケースや、納付記録が社会保険庁や自治体のデータにないケースがあり、それぞれ「宙に浮いた年金」、「消えた年金記録」として問題視された。

事の発端は、06年、衆議院厚生労働委員会で「宙に浮いた年金」問題が取り上げられたことだった。その後、調査が行われ、07年の発覚へとつながっていった。

年金記録問題や職員の不正行為などで国民の信頼を失った社会保険庁は09年12月末に廃止され、その業務は新設の「日本年金機構」(Japan Pension Service)が引き継いだ。これにより1962年に当時の厚生省の外局として発足した社会保険庁は47年の歴史を閉じた。日本年金機構は非公務員型の特殊法人で、全国312カ所に年金事務所を持つ。

Haruki Murakami's "1Q84"

書店に大部数が並べられた『1Q84』
© PANA 通信社

"**H**ow many *moons* are floating[1] in your sky?" This is the promotional catch phrase for 1Q84 (ichi-kew-hachi-yon) by Haruki Murakami, one of Japan's most celebrated[2] contemporary[3] writers. The title is a play on the Japanese pronunciation of the year 1984, as the letter Q has the same pronunciation as 9, usually Romanized as kyu. This two-volume novel was first published on May 29, 2009 and soon became a media sensation[4], selling a million copies within a month and 2.23 million copies after six months. Murakami's 1Q84 was the highest

Notes

1
① float （動）浮かぶ
② celebrated （形）著名な
③ contemporary （形）現代の；同時代の
④ media sensation　メディアで注目されること

2
⑤ reveal （動）〜を明かす
⑥ weave （動）（物語など）を組み立てる；〜を織る　＊活用は weave-wove-woven。
⑦ unforgettable （形）忘れられない
⑧ religious cult　狂信的教団
⑨ dichotomy （名）二分（裂）；意見の相違

郵便はがき

| 1 | 6 | 6 | 8 | 7 | 9 | 0 |

料金受取人払

杉並支店承認

4026

差出有効期間
平成23年5月
31日まで

東京都杉並区
　　高円寺北2-29-14-705

Jリサーチ出版

「WORLD NEWS BEST 30」係行

|||||||||·||·|||·||||||·|·|·|·||·|·||·|·||·|·||·|·||·|·||·|·|||

自宅住所電話番号	〒　　　　　　電話（　　　）		
フリガナ 氏　　名			
メールアドレス			
ご職業 または 学校名		男・女	年齢
ご購入 書店名			

※本カードにご記入の個人情報は小社の商品情報のご案内を
　送付する目的にのみ使用いたします。

愛読者カード

● お手数ですが、ご意見をお寄せください。
　貴重な資料として今後の参考にさせていただきます。

● この本をお買いになった動機についてお書きください。

● 本書についてご感想またはとりあげてほしい内容について
　お書きください。

● ご協力ありがとうございました。

※小社新刊案内（無料）を希望する。　　□郵送希望　□メール希望
※お客様のご意見・ご感想を新聞・雑誌広告・小社ホームページ等で掲載してもよ
　　　　　　　　　　　　　　　□実名で　　□匿名（性別・年齢のみ）

http://www.jresearch.co.jp

selling book in 200Q.

2 Among his works, one of his novels published in 2004 also used 1984 as its setting, and he revealed[5] in an interview that he had the idea for writing about the recent past based on Nineteen Eighty-Four by George Orwell. He then wove[6] the unforgettable[7] terrorist attacks such as the Sarin gas attack on the Tokyo subway by the religious cult[8] Aum Shinrikyo in 1995 and the September 11, 2001 attacks on America into 1Q84. Murakami explained these attacks made us think about the dichotomy[9] between right and wrong. Many found the events to be so horrific[10] that they could not process[11] them as part of reality but instead felt that the events they witness on television were surreal[12] and incomprehensible[13].

3 In the novel, Aomame, the female protagonist[14], descends[15] an emergency staircase[16] into an alternative[17] reality where she often thinks of Tengo, the main male character. This scene is indicative of[18] how Murakami weaves a tale of human suffering that surpasses[19] the ability to comprehend it and ties it all to a very human, emotional relationship. Although the characters have not seen each other since they were ten years old, they have longed for[20] each other and … well, you'll just have to read it for yourself to find out how Murakami ties it all together.

⑩ horrific （形）恐ろしい
⑪ process （動）〜を処理する
⑫ surreal （形）非[超]現実的な
⑬ incomprehensible （形）理解できない
3
⑭ protagonist （名）主人公
⑮ descend （動）〜を降りる
⑯ emergency staircase 非常階段
⑰ alternative （形）代わりの；別の
⑱ be indicative of 〜を示す
⑲ surpass （動）〜に勝る
⑳ long for 〜を待ち焦がれる

村上春樹の『1Q84』
Haruki Murakami's "1Q84"

1
　「あなたの空には月はいくつ浮かんでいますか」——これは、日本でもっとも著名な現代作家の1人である村上春樹による『1Q84』の広告用キャッチフレーズである。このタイトルは、1984という年代の日本語の発音と語呂合わせになっている。Qは9と同じ発音で、ローマ字表記は通常kyuとする。この2巻の物語は、2009年5月29日に発売され、すぐにメディアで騒がれることになった。1カ月で100万部、半年後には223万部が売れたのだ。村上の『1Q84』はまぎれもなく200Q(2009)年で最高に売れた本だった。

2
　2004年に出版された作品の中にも1984年を舞台にしたものがあり、村上はインタビューで、ジョージ・オーウェルの『1984』を基盤にした現在に近い過去を書きたいというアイデアを持っていたことを明らかにした。そこで、狂信的教団オウム真理教による1995年の東京地下鉄のサリン事件や、アメリカの9.11といった忘れがたいテロ攻撃を、『1Q84』に織り込んだのだ。村上は、これらのテロ攻撃で、私たちは善悪という二極の違いについて考えさせられたと言う。多くの人が、これらの事件はあまりにも恐ろしくて、現実のものとして捉えることができず、テレビで目撃した事件は非現実的で理解できないものと感じた。

3
　小説の中では、女性主人公の青豆が非常階段を降りて、別の現実へ赴き、そこで男性主人公である天吾のことをよく思い浮かべる。このシーンは、村上がどのように、理解力を越える人々の苦悩の物語を創り上げ、そのすべてを人間らしい感情的な関係に結びつけるかを示している。この主人公たちは10歳のころから会っていないのに、お互いに引かれ合っている……。続きはご自分で読んでいただき、村上がどのようにすべての要素をつなぎ合わせているかを見つけてほしい。

ニュース英語に注目！

sensation （名）大騒動；世間を騒がせるもの

　日本語でも「センセーション」という言葉でなじみがある語。create[cause] a **sensation**（世間を騒がせる）と表現できる。また、movie **sensation**（世間を沸かせる映画）のような使い方もでき、村上作品なら literary **sensation**（文学界をあっと言わせる作品）である。
　sense と同意の「感覚；知覚」という意味もある。

Background Story

国境を越えたベストセラー作家

　村上春樹の名前を世に広く知らしめたのは、1987年の『ノルウェーの森』だ。上下2巻で430万部を売るベストセラーとなった。他にも『羊をめぐる冒険』、『世界の終わりとハードボイルド・ワンダーランド』、『海辺のカフカ』などの作品をはじめ、レイモンド・カーヴァー全集やスコット・フィッツジェラルド作品の翻訳も行っている。

　国外でも著名な日本人作家の1人で、2006年にはフランツ・カフカ賞を受賞した。この賞は、チェコの文学賞で、自分たちの生まれた国や文化にとらわれない読者に向けて作品を生み出す現代作家の手になる、特に芸術的に優れた文学作品に贈られるものである。

　活字離れが言われて久しいが、村上作品を見ている限りは関係なさそうだ。『1Q84』の場合は、発売前に小説の内容をいっさい明かさなかった「無宣伝効果」、カフカ賞やエルサレム賞など海外でも注目されていることの「逆輸入効果」などが、大ベストセラーとなった要因と見る向きもある。

　10年4月16日には、続編であるBOOK 3 が発売されることになり、初版は50万部ということだ。

NEWS 24

Nara Celebrates 1300th Anniversary[①]

復元された平城京の朱雀門
© Paper Dragon LLC

[1]
In 2010, Japan's ancient capital of Nara is celebrating the 1,300th anniversary of its founding[②] with renovated[③] historical sites and hundreds of events. Nara's claim to fame[④] as Japan's first permanent capital during an important period of the country's history from AD 710-794 has already been recognized, when the "Historic Monuments of Ancient Nara" were designated[⑤]

Notes

title
① celebrate （動）～を祝う

1
② founding （名）設立；創立
③ renovate （動）～を修理［復元］する
④ claim to fame 自慢できる部分；名声
⑤ designate （動）～を指定する
⑥ UNESCO World Heritage site ユネスコ世界遺産地

2
⑦ heyday （名）盛り；最盛期
⑧ famed （形）有名な

a UNESCO World Heritage site⁶. With this year's celebrations, the city is hoping to win another type of recognition—that of an international tourist destination rivaling nearby Kyoto.

② During its heyday⁷, Nara was the far eastern end of the famed⁸ Silk Road, which brought trade from the Korean Peninsula and Tang China and intense⁹ cultural development with the import of Buddhism and the Chinese writing system. The Nara area is also home to Japan's first Buddhist temples and monuments, including Horyuji, which is considered the world's oldest wooden structure⁽¹⁰⁾. But in the modern era⁽¹¹⁾, Nara has lagged far behind⁽¹²⁾ Kyoto in promoting itself as a tourist destination. It has the fewest hotels of any prefecture in the region, only two train lines, and a history of apathy⁽¹³⁾ on the part of officials and residents towards establishing⁽¹⁴⁾ a mass tourist industry.

③ Prefectural⁽¹⁵⁾ officials now want to change all that by turning the ancient Heijo-kyo palace⁽¹⁶⁾ site with its reconstructed buildings into something between a theme park and an international expo. TV commercials are already touting⁽¹⁷⁾ the anniversary celebrations that will begin in earnest on April 24 when the reconstructed⁽¹⁸⁾ grounds of Heijo Palace open to the public; however, Nara still has a lot of hurdles to clear before it rivals⁽¹⁹⁾ Kyoto as a historical and cultural capital of Japan.

---

⑨ intense （形）強烈な
⑩ structure （名）構造；建物
⑪ era （名）時代
⑫ lag behind （〜に）遅れる
⑬ apathy （名）無感動；無関心
⑭ establish （動）〜を確立する

⑮ prefectural （形）県の
⑯ palace （名）宮殿
⑰ tout （動）〜を売り込む；〜をうるさく勧める
⑱ reconstruct （動）〜を再建［復元］する
⑲ rival （動）〜と競争する

③

奈良、1300年祭を祝う
Nara Celebrates 1300th Anniversary

1　2010年、日本の古都である奈良では、歴史的史跡を復元し、多数のイベントを行い都の創設1300年記念を祝っている。歴史的に重要な710年〜794年の間、日本初の常設の首都であったという奈良の名声は、「古都奈良の文化財」がユネスコの世界遺産に指定されたときに、すでに世間に認められている。今年の祭典で、奈良市は違った面での認知を望んでいる。それは、近くの京都に対抗する国際的な観光地になることだ。

2　最盛期には、奈良は有名なシルクロードの極東の終点であった。シルクロードは、朝鮮半島や唐の時代の中国からの貿易と、仏教や漢字の移入とともに強烈な文化的発展をもたらした。奈良地域は、世界最古の木造建造物とされる法隆寺を含む、日本で最初の寺や仏教建造物の発祥地でもある。しかし現代、奈良は観光地としての売り込みにおいて京都に大きく遅れをとっている。奈良県は、近畿地方の中でホテルの数が最も少ない県で、乗り入れている鉄道は2社のみ、大規模な観光産業を創ることには、役人や住民側が昔から無関心であった。

3　今、県の役人は、それをすべて変えたいと思っている。建物を復元した太古の平城宮跡地を、テーマパークと国際エキスポの中間のようなものに変えることでだ。復元された平城宮跡地は、4月24日に一般公開されるが、テレビのコマーシャルでは、この日から本格的に始まる記念式典が、すでに宣伝されている。しかし奈良は、歴史的にも文化的にも日本の都であるライバル、京都を前にして、越えなければならない壁がまだたくさんある。

> ニュース英語に注目！

lag behind　(〜に) 遅れる

　lag は動詞で「遅れる」、名詞で「遅れること」という意味。過去・過去分詞形は lagged。名詞では、a cultural **lag**（文化の遅れ）のように使われる。jet **lag**（時差ぼけ）や time **lag**（タイムラグ；時間的ずれ）も覚えておこう。

- The company is **lagging behind** Amazon in online book sales.
（その会社はオンライン書籍販売でアマゾンに立ち遅れている）

Background Story

観光地奈良をアピール

　710年に都が藤原京から平城京（現在の奈良市）に移ってから、ちょうど1300年目にあたる2010年に、「平城遷都1300年祭」が開催される。宮殿が置かれた平城宮跡をメイン会場に、奈良県内各地で1年を通じて多彩なイベントが繰り広げられる。総事業費は100億円、期間中の県内のイベントへの来場者数は1200〜1300万人を見込んでいる。公式マスコットは、童子に鹿の角を生やした「せんとくん」。

　平城京は中国・唐の長安をモデルにした都で、天皇の住まいや貴族たちが執務する役所が置かれたのが平城宮。メイン会場となる宮跡は南北約1km、東西約1.3kmで、現在も発掘調査が進められている。宮跡では、復元した大極殿や原寸大の遣唐使船（長さ30メートル）が公開され、時代行列、コンサートなどが行われる。

　奈良県には、有名な法隆寺や東大寺大仏の他にも、日本の古代国家や文化を反映した古墳など数多くの遺跡が残り、京都に引けを取らない歴史的資産の宝庫。現在、「日本人の心の古里」とも言われる明日香村などが「飛鳥・藤原」として県内4カ所目の世界遺産登録を目指している。

　奈良県は、1300年祭を「観光地としての奈良を全国に売り出す絶好のチャンス」と見ている。奈良の歴史・文化・自然等の魅力を、国内外に広くアピールしたい考えだ。

Column 3
ニュース英語の表現はここが違う!

● **見出しは短く表現する**

ニュース記事の見出しは、内容をわかりやすく端的に伝えるものでなければならないため、be動詞や冠詞は省略され、短い単語が多用される。例えば、「調印する」は一般にsignが使われるが、見出しとなると1字少ないinkが使われることが多い。他にも、「逮捕する」はnab、「拒む；否認する」はnixなどが使われる。
・US, Russia **Ink** Nuke Treaty（アメリカとロシアが核条約に調印）

また、同じ理由で、PM（= prime minister）（首相）、BOJ（= Bank of Japan）（日銀）、GOJ（= government of Japan）（日本政府）など、略語が使われることも多い。
・Japan's **PM** Visits China（日本の首相、中国を訪問）

● **見出しは時制も独特**

一般に見出しの時制は、現在形で過去・現在を表す。よって、過去形に見えるのは過去分詞である。
・PLO's Arafat **Dies**（PLOのアラファト死去）
　＊過去形でなく現在形diesとなっている。
・Euro **Introduced** as EU Expands（EU拡大に伴うユーロ導入）
　＊introducedは受動態で、前にbe動詞が省略されている。

また、未来はto不定詞を使う。
・Israeli PM **to Visit** U.K.（イスラエル首相、訪英へ）

● **ニュースに特徴的な単語・表現**

ニュースでは、「首都名・建物名を使って政府を表す」ことがあるので、注意しよう。Tokyo（日本政府）、Beijing（中国政府［北京］）、WashingtonやWhite House（米国政府）、Kremlin（ロシア政府）といった具合だ。

また、ニュースは事実を報道するという面で、客観性を保つ表現が使われる。たとえば、情報源を示すためには、According to A（Aによると）、Sources close to A say ...（Aに近い情報筋は…と言う）。判決が下るまではalleged murderer（殺人容疑者）や、He is alleged to have received bribes.（彼は賄賂を受け取った容疑がかかっている）のように、形容詞alleged（容疑がかかっている）が使われることなどだ。

Chapter 4
Culture, Technology & Environment

インターネットがビジネス、実生活に浸透した10年だった。
Google、YouTube、Twitter、Amazonなど、
今やネットのツールや店舗なくして仕事も生活も成り立たない。
地球温暖化抑止は全世界が取り組むべきテーマとなり、
ES細胞の研究は再生医療ばかりでなく、人間の生成の可能性をも孕む。
マイケル・ジャクソンの突然の死は世界中のファンに衝撃を与えた。

News 25　Internet Evolution
News 26　Climate Conference in Copenhagen
News 27　ES Cells—The Next Big Field of Medical Research?
News 28　World's Tallest Tower Opens in Dubai
News 29　The King of Pop Dies
News 30　Shanghai Hosts Expo 2010

Internet Evolution[①]

ネットゲームに興じる韓国の子供たち　© PANA 通信社

[1] About 15 years ago, most people went to bookstores to buy books or to libraries to read or borrow them when they wanted more information than what could be obtained from TV programs or newspapers. When we went somewhere unfamiliar, printed versions of maps served us as a navigator. In order to keep in touch[②], most people made telephone calls or wrote letters. The

Notes

title
① evolution　（名）進化

1
② keep in touch　連絡を保つ
③ nascent　（形）発生期の

2
④ stagnant　（形）よどんだ；停滞気味の
⑤ unmatched　（形）匹敵するものがない；釣り合わない
⑥ manmade　（形）人が作り出した
⑦ natural disaster　自然災害
⑧ plateau　（動）停滞期に達する

computer and IT industries were in their nascent[3] stages with few people even aware of what the Internet was or how to use it.

While world hunger and other poverty-related problems remain stagnant[4], the fields of IT and personal computing has become unmatched[5] in the speed with which they evolve. Indeed our ability to help people through manmade[6] and natural disasters[7] seems to have all but plateaued[8], while the Internet and its variegated[9] uses seem to be expanding.

To quench[10] your thirst for knowledge, Google, one of the most widely used search engines, enables you to hunt for[11] certain information in webpages. As Google started being used as a verb, meaning to check something on the web by using Google, a new Japanese word, guguru (similar to Google in sound) also emerged.

Keeping in touch with friends, especially friends who live far away, has also become much easier and cheaper thanks to a social network services[12]. These services focus on building social relations among people who have similar interests or activities. Users can interact over the Internet sharing their activities, ideas, interests and so on. Some examples of these sites include mixi, Facebook, and Twitter.

Facebook and Twitter are used worldwide, while mixi is popular along with Friendster, Multiply and

⑨ variegate　（動）〜を多様化する
⑩ quench　（動）〜を癒す；〜を満たす
⑪ hunt for　〜を探しまわる
⑫ social network service (SNS)　ソーシャルネットワーキングサービス　＊インターネットを用い、友人・知人の輪を広げるオンラインサービスの総称。
⑬ subscriber　（名）加入者
⑭ cutting-edge　（形）最先端の
⑮ double-edged sword　両刃の剣

others in Asia. Since Twitter's creation in 2006, a rapidly increasing number of users have started to send and read messages known as tweets—text based posts of up to 140 characters displayed on the author's profile page—and they are delivered to subscribers[13] known as followers.

6 These cutting-edge[14] services, however, are also something of a double-edged sword[15]. Google has often come under fire[16] over privacy issues. The social network services are criticized for making people feel tired because using the services can be time-consuming and stressful[17]. After all, no matter how far technologies advance, their implementation[18] and integration[19] into society remain the responsibility of the people who choose to use them.

[16] under fire 攻撃［非難］を浴びて
[17] stressful （形）緊張の多い
[18] implementation （名）実施
[19] integration （名）調和

Culture, Technology & Environment

進化するインターネット
Internet Evolution

NEWS 25

[1] 15年前なら、テレビ番組や新聞以外の情報が欲しければ、ほとんどの人は書店へ行き本を買ったり、図書館で本を読んだり借りたりしたものだ。知らない場所へ行く場合は、印刷された地図がナビゲーターとなった。連絡を取り合うためには、電話をかけたり、手紙を書いたりした。コンピュータやIT産業は黎明期にあり、インターネットがどんなもので、それをどう使うのかを知っている人はほとんどいなかった。

[2] 世界の飢餓や他の貧困に関連した問題は改善されないままだが、ITやパーソナル・コンピュータの進化する速度は比類がない。確かに、人為的あるいは自然の災害から人を救出する力はほとんど頭打ち状態である反面、インターネットとその多様化された用途は拡大し続けているようだ。

[3] 知識欲を満たすためには、最もよく使われているサーチエンジンの1つであるグーグルを利用すれば、ウェブ上で特定の情報を探索することができる。グーグルは、それを使ってネット上で何かを調べることを意味する動詞としても使われるようになり、新しい日本語「ググる」（グーグルと似た発音だ）も出現した。

4 　友人、特に遠くに住む友人と連絡を取り合うのも、ソーシャルネットワーキングサービス（SNS）のおかげで、ずっと簡単で安くできるようになった。これらのサービスはネット上で、似たような関心を持っていたり、似たような活動をしている人たちの間に社会的な関係を作り上げることを目的としている。ユーザーはインターネット上で交流し合い、活動や考え、関心などを共有する。これらのサイトの例としては、ミクシィ、フェイスブック、ツイッターなどがある。

5 　フェイスブックとツイッターは世界中で使われており、ミクシィはフレンドスターやマルチプライなどとともにアジアで人気がある。2006年にツイッターが作られて以来、ツイート（つぶやき）として知られているメッセージを送ったり読んだりする利用者が急増している。ツイートとはユーザーのプロファイル・ページに表示される140字以内の投稿のことで、フォロワーとして知られている利用者に送られる。

6 　しかし、これら最先端のサービスは、両刃の剣という側面もある。グーグルはプライバシーの問題でよく非難の的になっている。SNSも、利用者が時間を奪われ、ストレスがたまって疲労するとして批判されている。結局のところ、どれだけテクノロジーが進歩しようが、それらを使い、社会に組み込んでいくのは、それらを利用することを選ぶ人間の責任であることに変わりはないのだ。

Culture, Technology & Environment

ニュース英語に注目！

plateau （動）停滞期に達する；壁にぶつかる　（名）水平状態

　Deccan **Plateau**（デカン高原）と言うように、plateau は平らな状態を指す語。The footwear market has **plateaued**.（履物市場は頭打ち状態になった）と動詞で使ったり、The footwear market has reached[hit] a **plateau**. と名詞で使ったりできる。

　壁にぶつかるというマイナス・イメージのみではなく、toward a higher **plateau** of ～（～をより高めるために）という使い方もある。

Background Story

高速通信の普及でネットは必需品に

　インターネットは21世紀に入って急速に普及した。内閣府や総務省のインターネット普及率調査によると、1996年3%程度だった利用率が、2009年には、約91%にまで伸びた。接続方法も当初のダイヤルアップ方式から、ADSLや光ファイバーに取って代わり、ブロードバンドが一般化した。

　接続が高速で通信料金も手頃になって、誰もがインターネットを利用しやすくなった。メールはもとより、スカイプ（Skype）で外国にいる人とも時間を気にせず話せるようになった。自宅にいながらにして買い物や銀行振込、投資なども簡単に行える。

　ホームページやブログ(blog)を作る人も急増した。記事で紹介されているmixiやFacebook、Twitterなどでは、ネット上で友達や同好の士をつくることで、知人の輪が広がって行く。AmazonはKindle、アップルはiPadを発売して、本もネット経由で読む時代になった。

　インターネットを通じて多彩な情報に簡単にアクセスできる生活は便利だが、さまざまな問題も生じている。誰もが簡単に動画をアップロードできるYouTubeでは著作権の問題が絶えない。また、知らない間に自分のビデオや写真がネット上にアップされていることもある。匿名性（anonymity）を悪用しての誹謗中傷に傷ついた人が、自殺に追い込まれる痛ましい事件も起こった。

　インターネットの急速な進化に法律や社会ルールが追いつかず、予測ができない世界に人々は入り込んでいるのである。

Climate Conference in Copenhagen

© Fotolia

The 15th Conference of the Parties (COP 15) to the United Nations Framework Convention on Climate Change① was held at the Bella Center in Copenhagen, Denmark, from December 7 to 18, 2009. According to the Bali Road Map, the participating nations were to

Notes

1
① United Nations Framework Convention on Climate Change　国連気候変動枠組み条約
② framework　（名）枠組み
③ climate change　気候変動
④ mitigation　（名）緩和

2
⑤ claim　（動）〜と主張する
⑥ global warming　地球温暖化
⑦ slash and burn agriculture　焼畑農業
⑧ depletion　（名）減少；枯渇
⑨ tropical rain forests　熱帯雨林

agree on a framework② for climate change③ mitigation④ beyond the year 2012.

2 During the conference, the international media reported that the climate talks were failing due to resistance from developing nations, who claim⑤ that they are being unfairly blamed for their contribution to global warming⑥ because of their "slash and burn" agriculture⑦, depletion⑧ of tropical rain forests⑨, and use of highly polluting⑩ fossil fuels⑪ like coal. As a result of this riff⑫, only a "weak political statement⑬" was expected at the conclusion of the conference. Meanwhile, "street participants" battled with Danish police outside the Bella Center and scores of⑭ people were arrested.

3 In the end, a Copenhagen Accord⑮ was drafted⑯ by the leaders of Brazil, China, India, and South Africa. The document recognized climate change as one of the greatest challenges facing the world today and called for⑰ action to keep any temperature increases to below 2°C. It also allocated⑱ $30 billion to deal with⑲ the effects of climate change by the year 2012. The document does not, however, contain any legally binding commitments for reducing CO_2 emissions⑳.

4 U.S. President Barack Obama, who arrived on the last day of the conference for the signing, was optimistic as he said, "All major economies have come together to accept their responsibilities to combat㉑ climate change."

---

⑩ pollute （動）汚染する
⑪ fossil fuel　化石燃料　＊石炭、石油など。
⑫ riff　（名）いつものせりふ
⑬ statement　（名）声明
⑭ scores of　多数の〜

3
⑮ accord　（名）協定；協約

⑯ draft　（動）〜を起草［立案］する
⑰ call for　〜を要求する
⑱ allocate　（動）〜を割り当てる
⑲ deal with　〜に対処する
⑳ emission　（名）排出

4
㉑ combat　（動）〜と戦う

NEWS 26

コペンハーゲンで気候変動会議が開催
Climate Conference in Copenhagen

1 　国連気候変動枠組み条約第15回締約国会議 (COP15) がデンマークのコペンハーゲンにあるベラセンターで2009年12月7日から18日まで開催された。バリ・ロードマップに沿って、参加国が2012年以降の気候変動緩和のための枠組みに合意することになっていた。

2 　会期中、国際メディアは発展途上国からの抵抗により話し合いがうまくいっていないと報道した。途上国は、自国の焼畑農業や熱帯雨林の減少、そして石炭など高い汚染を引き起こす化石燃料の使用が地球温暖化の一因だと、不当に責められていると主張した。この主張を繰り返した結果、会議の終わりに出てくるのは単なる「弱い政治的声明」になると予想された。一方、「通りに集まった人々」はベラセンターの外でデンマーク警察と衝突し、多くの人々が逮捕された。

3 　結局、ブラジル、中国、インド、南アフリカのリーダーたちがコペンハーゲン合意を立案した。この文書は、気候変動を今日世界が直面する最も大きい課題の1つと考え、気温上昇を2度未満に抑えるための対策を各国に求めた。また、気候変動の影響に対処するため、2012年までに300億ドルを割り当てた。しかしこの文書は、二酸化炭素の排出量削減に関して何ら法的拘束力のある義務を含んではいない。

4 　署名のため会議最終日に到着したバラク・オバマ米大統領は、「全ての主要な経済大国が、気候変動と戦うための責任を引き受けるために集まった」と述べ、期待感を示した。

Culture, Technology & Environment

ニュース英語に注目！

binding （形）拘束力のある

動詞 bind は「動いたり逃げたりできないよう縛る」ことから、**binding** は「拘束力のある」という意味。国際的な取り決めのニュースで、sign a legally **binding** agreement（法的拘束力のある協定[合意]に署名する）のようなフレーズで出てくる。反対は、**non-binding**（拘束力のない）。
国際関係では、条約(treaty, convention)、議定書(protocol)には拘束力があるとされている。

Background Story

ポスト京都議定書の行方

1997年に議決された京都議定書は、温室効果ガス*排出削減目標を定めた温暖化対策の国際的枠組み。2009年の第15回締約国会議(COP15)では、京都議定書に定めのない2013年からの「ポスト京都議定書」を採択する場として、期待されていた。

しかし約190カ国が出席したCOP15で、途上国側は、今の温暖化の原因となったのは先進国であり、先進国が大幅に削減すべきだと主張。一方、先進国側は、経済成長著しい途上国の排出抑制は不可欠だと主張。両者の溝は埋まらず、コペンハーゲンでの次期枠組み作りは実現しなかった。

日本政府は、2008年の北海道洞爺湖サミットで「世界全体で2050年までに排出量を半減」との考えを主導し、翌年ニューヨークで開かれた国連の気候変動サミットでは、鳩山総理が「2020年までに1990年比で25％減」との中期目標を国際公約として表明していた。

政府はこの目標を、国内だけで15％削減し、残りは海外からの排出枠購入などでまかなうとしている。国内では目標実現に向けて、住宅への太陽光発電の導入やハイブリッド車の普及など低炭素社会への取り組みが始まっている。また、排出量取引制度や太陽光発電など再生可能エネルギーを電力会社が高値で買い取る制度の創設なども進められている。

* 温室効果ガス（greenhouse gas）：地球温暖化の主な原因とされる二酸化炭素やメタンなどの総称。

ES Cells — The Next Big Field of Medical Research?

[1] The U.S. Food and Drug Administration has approved the first human trials involving the use of embryonic stem cells. This decision marks a shift toward a more liberal approach to stem cell research after long years of conservative opposition by the Bush administration. With the primary regulatory authorities now on board, stem cell research is expected to take off—spearheaded by a $3 billion state initiative by the California Institute of Regenerative Medicine.

[2] Because ES cells are capable of becoming any other type of cell in the body, they hold the key to lifesaving cures. But critics say destroying embryos to obtain these cells is murder. Under the Bush administration, ES cell research was hampered by restrictions on the

Notes

title
① ES (embryonic stem) cell　ES 細胞；胚性幹細胞　＊cell（細胞）

1
② U.S. Food and Drug Administration　米国食品医薬品局
③ regulatory authorities　規制当局
④ spearhead　（動）〜の先頭に立つ
⑤ initiative　（名）構想；新たな取り組み

2
⑥ embryo　（名）（人間の）胚；受精卵
⑦ hamper　（動）〜の邪魔をする

types of stem cells and stem cell research that could be conducted. The Obama administration is expected to lift those restrictions soon.

3 Following the FDA decision, a certain biotech firm will use neurons derived from stem cells to treat a group of spinal cord injury patients this summer, marking the first time ES cells will be tested in humans. Patients of spinal chord damage will receive an injection of neurons to the damaged areas. Previous animal studies suggest the new neurons will repair damaged neurons and secrete substances to help nerves function and grow.

4 Research with animals indicates that stem cells will be effective in treating a wide range of diseases, from cancer and multiple sclerosis to Alzheimer's. Clinical trials are expected to begin in all these areas in the near future. The new FDA policy is likely to encourage the big pharmaceutical companies to be involved in ES cell research as well.

⑧ restriction （名）制限
⑨ lift （動）（禁止令など）を解除する
3
⑩ neuron （名）ニューロン；神経単位
⑪ derive from ～に由来する
⑫ spinal cord 脊髄
⑬ injection （名）注射
⑭ secrete （動）～を分泌する
⑮ substance （名）物質
⑯ nerve （名）神経
4
⑰ multiple sclerosis 多発性硬化症
⑱ Alzheimer's （名）アルツハイマー病
⑲ pharmaceutical （形）薬剤の

NEWS 27

ES細胞——
次の大きな医学研究分野か
ES Cells—The Next Big Field of Medical Research?

1 　米国食品医薬品局は、ES細胞の人間に対する最初の臨床試験を認可した。この決定は、ブッシュ政権による保守派の長い年月にわたる反対の後、幹細胞研究に対する、よりリベラルな取り組みへと舵を切ることを意味する。今や主要な規制当局を引き込んで、幹細胞研究が発進すると期待されている。先頭に立つのは、カリフォルニア再生医療研究所が行う30億ドルの政府プロジェクトだ。

2 　ES細胞は身体のどんなタイプの細胞にもなることができるため、命を救う治療のカギとなる。だが、ES細胞を手に入れるために受精卵を壊すのは殺人だと反対派は言う。ブッシュ政権下では、研究できる幹細胞の種類と幹細胞を使った研究に制限があり、ES細胞研究は阻まれていた。オバマ政権はこれらの制限をすぐにも撤廃すると期待されている。

3 　米国食品医薬品局の決定に続いて、あるバイオ技術企業がこの夏、脊髄を損傷した患者たちの治療に幹細胞由来のニューロン（神経細胞）を使うが、これがES細胞を使った人間に対する最初の治験となる。脊髄損傷の患者は、損傷部分にニューロンの注射を受ける。これまでの動物を使った研究によると、新しいニューロンが損傷を受けたニューロンを修復し、神経の機能と成長を助ける物質を分泌することになる。

4 　動物を使った研究では、幹細胞はガンや多発性硬化症からアルツハイマーまで、幅広い病気の治療に効果がある。近い将来、これら全分野で臨床試験が始まると期待されている。この米国食品医薬品局の新しい指針により、大手製薬会社もES細胞研究に取り組むことになりそうだ。

Culture, Technology & Environment

ニュース英語に注目！

lift （動）（禁止令など）を解除する

基本は「上に持ち上げる」という意味だが、ニュースでは restriction（制限）、embargo（通商停止）、sanction（制裁[措置]）、curfew（夜間外出禁止令）など何かを禁止する規則や法律を「解除する；終わりにする」という意味で使われることも多い。

> ・The government lifted its ban on imports of French poultry.
> （政府はフランスの鶏肉の輸入禁止を解除した）

反対の impose（～を課す）と対にして覚えよう。impose a ban on（～を禁止する）。

Background Story

再生医療の可能性が広がる

　他人の臓器を移植するのでなく、必要な臓器を作って治療に使うという「再生医療」。この新しい治療法の実現や、その難病治療への応用が期待されているのが、ES 細胞である。

　ES 細胞は、あらゆる細胞に変化しうる細胞であり「万能細胞」や「胚性幹細胞」とも呼ばれている。1981 年にマウスで作製され、98 年には米国でヒトの ES 細胞が世界で初めて作製された。

　ES 細胞の研究は、その倫理面について激しい論争が行われてきた。クローン人間の作成につながることや、ES 細胞が不妊治療などで余った受精卵を壊して作られることが理由だ。特に、受精卵を生命の始まりと見るキリスト教右派からは激しい反発を受けた。

　しかし 2007 年、京都大学の山中教授率いる研究チームが、新型万能細胞「iPS 細胞」を、人間の皮膚から作ることに成功した。受精卵を使わないため生命倫理の問題を解決できると期待され、また、患者自身の細胞由来の iPS 細胞で臓器が作れるため、移植時の拒絶反応が低いと考えられている。

　iPS 細胞は ES 細胞に代わる切り札だが、ES 細胞にはすでに数多くの知見があり、iPS 細胞の研究に応用できるため、両者の研究は同時に進められている。共にガン化の問題があり、再生医療の新たな課題になっている。

News 28: World's Tallest Tower Opens in Dubai

世界一の超高層ビル「ブルジュ・ハリファ」
© PANA 通信社

1

The world's tallest skyscraper[1], Burj Khalifa, officially opened to great fanfare[2] in Dubai on January 4, 2010. At an estimated[3] cost of $1.5 billion, the 828-meter-tall structure[4] is comprised of[5] more than 160 floors and 57 elevators, and is 319 meters taller than the former record holder, Taiwan's Taipei 101. Burj

Notes

1
① skyscraper （名）超高層ビル；摩天楼
② to great fanfare 鳴り物入りで；盛大に
③ estimated （形）見積もられる
④ structure （名）建造物；構造
⑤ be comprised of ～から成る
⑥ luxury （形）高級な；豪華な
⑦ condominium （名）分譲マンション
⑧ observation deck 展望台
⑨ mosque （名）モスク；イスラム教寺院
⑩ respectively （副）(述べられた順に) それぞれ

Khalifa, where more than 12,000 people are expected to live and work, contains luxury condominiums[6][7] and offices, as well as the first Armani-branded hotel. It also has the world's highest observation deck[8]—located on the 124th floor—as well as the world's highest mosque[9] and swimming pool, on the 158th and 76th floors respectively[10].

The construction of the building began in 2004, at the height of Dubai's economic boom. Dubai is the second-largest economy in the United Arab Emirates after its oil-rich neighbor Abu Dhabi. There being limited oil reserves[11] in Dubai, the main source of its growth is construction and real estate[12]. With a view to becoming a global financial and tourism hub[13], Dubai has dramatically expanded[14] using the economic model of "borrow and build." Its state-owned property[15] developers relied on easy financing[16] to build extravagant[17] properties such as the man-made palm-shaped Palm Jumeirah Island and the sail-shaped Burj Al-Arab.

Dubai, however, shouldered[18] its fair share of the global economic crisis, too. Real estate prices dropped 50% in 2008, and new construction projects, including the more than one kilometer high Nakheel Tower, were either scrapped or put on hold[19]. Burj Khalifa is likely to remain the world's tallest for quite a while, as a symbol of the end of Dubai's explosive[20] growth.

2
⑪ oil reserve　石油埋蔵(量)
⑫ real estate　不動産
⑬ hub　(名)ハブ；中心地
⑭ expand　(動)〜を拡張する
⑮ property　(名)資産；不動産
⑯ financing　(名)融資すること
⑰ extravagant　(形)過度にお金がかかる

3
⑱ shoulder　(動)〜を背負う
⑲ put 〜 on hold　〜を保留にする
⑳ explosive　(形)爆発的な

世界最高峰ビル、ドバイにオープン

World's Tallest Tower Opens in Dubai

1 　ドバイで2010年1月4日、世界一高い超高層ビルのブルジュ・ハリファが盛大に正式オープンした。推定総工費15億ドル、高さ828メートルの建物は、160階以上で57基のエレベーターがあり、これまで世界一だった台湾の「台北101」を319メートル上回る。ブルジュ・ハリファには1万2千人以上が居住し仕事をすると見込まれており、高級マンションや事務所、初のアルマーニ・ブランドのホテルなどがある。また、124階には世界で最も高い展望台があり、世界で最も高いイスラム教寺院とプールがそれぞれ158階と76階にある。

2 　このビルの建設は、ドバイが好景気の絶頂期にあった2004年に始まった。ドバイはアラブ首長国連邦の中で、石油が豊富にある隣のアブダビに次いで経済的に2番目に大きい。ドバイの石油埋蔵量はたかが知れており、ドバイの発展の主な源は建設と不動産だ。世界の金融と観光の中心地になろうと、「借金して建てる」という経済モデルを使い飛躍的に発展してきた。国営の不動産開発業者たちは、甘い貸出し条件で融資を受け、椰子の形の人工島パーム・ジュメイラ、帆の形をしたブルジュ・アル・アラブホテルのような贅沢な建物を作った。

3 　しかし、ドバイもまた世界経済危機の影響を受けた。2008年に不動産価格は半分に落ち込み、高さ1キロを超えるナキール・タワーを含め新しい建設プロジェクトは廃止、または中断された。ブルジュ・ハリファは、ドバイの爆発的な急成長の終焉のシンボルとして、当分の間は世界最高のビルであり続けそうだ。

Culture, Technology & Environment

ニュース英語に注目！

boom　（名）にわか景気；好況　（動）にわかに景気づく

急に市場での売買が増え、経済活動が活発になること。一時的な好況。反対語は slump。

- We are in the midst of an economic **boom**.
  （好景気の真っただ中にいる）
- Business is **booming**.
  （景気はにわかに良くなっている）

同じ「好景気」でも、「急速に成長する経済」は booming economy、「しっかりとした強い経済」は strong economy、「活発な経済」は brisk economy である。

Background Story

ブームタウンの光と影

　中東のペルシア湾に面したドバイは、7つの首長国から成るアラブ首長国連邦（UAE = United Arab Emirates）の1つ。UAEの主要産業は原油と天然ガスの輸出だが、ドバイの石油埋蔵量は少なかった。そのため、石油に依存しない経済への道を進むべく、80年代に経済特区を設けるなどして外国企業の進出を促し、中東における貿易・商業の中心地へと急速に発展していった。

　21世紀になるとさらに成長が加速し、原油高にも後押しされて空前の不動産ブームに沸く。奇抜な開発計画で外国からの資本を呼び込み、世界一高いホテル、宇宙からも見える人工島群、砂漠の人工スキー場などを次々と建設し、不動産投資も活発になった。世界の主要金融機関が進出し、不動産開発や観光業とともに金融業が盛んになり、中東の金融センターと呼ばれるようになった。

　だが、米国発の金融危機で不動産価格は暴落し、外国企業の投資引き上げや地元企業の資金繰り悪化で、ドバイの経済にも陰りが出てくる。2009年11月、ドバイは政府系企業の債務支払猶予を欧州系金融機関に求め、「ドバイショック」と呼ばれる金融不安が広がった。このときはUAEの長兄格であるアブダビから100億ドルの緊急支援を受けてしのいだ。アブダビは、UAEの原油生産量の9割を占め、潤沢なオイルマネーを持つ。

NEWS 29

The King of Pop Dies

[1] Pop star Michael Jackson has died in Los Angeles at the age of 50. Paramedics① were called to the singer's Beverly Hills home at about midday on Thursday after Jackson stopped breathing. He was pronounced② dead two hours later at the UCLA medical center. Jackson's brother, Jermaine, told the press③ that Michael was

Notes

[1]
① paramedic （名）救急医療隊員
② pronounce （動）〜を申し渡す
③ the press　マスコミ
④ cardiac arrest　心停止

[2]
⑤ ambitiously （副）意欲的に
⑥ speculate （動）〜と推測する
⑦ collapse （名）倒れること

[3]
⑧ tribute （名）賛辞；感謝の印
⑨ pour in from　〜から流れ込む

[2] believed to have suffered a cardiac arrest[4].

Despite a history of health problems in recent years, Jackson was working ambitiously[5] to stage a series of concerts in the UK in July under the name "This Is It," implying that they might be his last stage appearances. Some close to the Jackson speculate[6] that the stress of that project might have led to the singer's collapse[7].

[3] The press was quick to declare Jackson's untimely death as the biggest celebrity story since the death of Princess Diana. Tributes[8] to the "King of Pop" poured in from[9] the music and film world, as well as California's Governor[10] Arnold Schwarzenegger.

[4] A spokesman for the Los Angeles Police Department said the robbery and homicide[11] team was investigating Jackson's death because of its "high profile" nature, but with no suggestion that murder[12] was suspected. An autopsy[13] revealed[14] high levels of sedatives[15] in Jackson's body, but the actual cause of death has not yet been determined.

[5] Michael Jackson began his singing career as a child with the Jackson 5, but he will be remembered mostly for his solo hits like "Thriller," released in 1982, which became the biggest-selling album of all time with some 65 million copies sold, according to the Guinness Book of World Records.

---

⑩ governor　（名）知事
[4]
⑪ homicide　（名）殺人(過失によるものも含む)
⑫ murder　（名）（計画的な故意の）殺人
⑬ autopsy　（名）検死
⑭ reveal　（動）〜を明らかにする
⑮ sedative　（名）鎮痛剤

ポップスの王、亡くなる
The King of Pop Dies

1 ポップスターのマイケル・ジャクソンがロサンゼルスで亡くなった。50歳だった。マイケルの呼吸が停止し、木曜日正午頃にビバリーヒルズにある自宅へ救急医療隊員が呼ばれ、その2時間後にカリフォルニア大学ロサンゼルス校メディカルセンターで死亡が確認された。兄のジャーメインが報道関係者に語ったところによると、マイケルは心臓発作を起こしたらしい。

2 ここ何年かは健康上の問題に悩まされてきたが、マイケルは自分の最後のステージ出演となる可能性を示唆して、"This Is It"というタイトルで7月に英国で行われる一連のコンサートに向けて意欲的に取り組んでいた。このプロジェクトのストレスから倒れたとの憶測が、ジャクソン家に近い筋から出ている。

3 すぐにマスコミは、マイケルの早すぎる死をダイアナ妃が亡くなって以来最大の有名人のストーリーとして公表した。この「キング・オブ・ポップ（ポップスの王）」を追悼する言葉が音楽界や映画界から次々と出された。カリフォルニア州のアーノルド・シュワルツェネッガー知事からもだ。

4 ロサンゼルス警察の報道官によると、マイケルの死は注目を集めるので強盗殺人捜査チームが捜査をしているが、殺人が疑われるものは出ていない。検死で、マイケルの体内から高濃度の鎮静剤が検出されたが、実際の死因はまだわかっていない。

5 マイケル・ジャクソンは子供のときにジャクソン・ファイブで歌手を始めたが、彼のことは主にアルバム「スリラー」のようなソロのヒット曲で人々の記憶に残るだろう。「スリラー」は1982年に発売されたが、ギネスブックによると約6,500万枚が売れ、史上最も売れたアルバムとなった。

Culture, Technology & Environment

ニュース英語に注目！

high profile （名）人目を引くこと；目立つこと

profileは「横顔；プロフィール」という意味。high profileは、人々の中で横顔が高く抜き出ていると「目立つ、人目を引く」ことから。形容詞はhigh-profileとハイフンをつける。

- Sarah Palin had a high profile in the presidential campaign.
 （サラ・ペイリンはその大統領選挙で注目を浴びていた）

反対はlow profileで、顔の位置を低くすれば、人々にまぎれて「目立たない」の意。keep a low profileで「目立たないでいる」。

Background Story

ポップスターのもう1つの人生

　検死では、血液中から致死量の麻酔剤プロポフォールが検出された。これは通常、病院で手術時に使われる強力な麻酔剤。マイケルの自宅に同居していた専属医が、不眠治療のため複数の睡眠剤を自宅寝室で投与した後、プロポフォールを静脈注射した。その後マイケルは眠ったが、専属医が2分ほど寝室を離れて戻ると、呼吸が停止していた。マイケルの死因は麻酔剤による急性中毒と断定され、刑事事件として専属医が過失致死罪で訴追された。

　マイケルは、アルバム「スリラー」を発表した翌年(1983)に、前に歩いているように見せながら後ろへ進むムーンウォーク・ダンスを初めて披露した。さらに、アルバム「BAD」を発表するなど、世界のトップスターに上り詰めていく。1989年には39億円をかけ、遊園地や動物園を併設した自宅を建て、ネバーランドと呼んだ。100人を超えるスタッフを雇い、その年間維持費は2～3億円であった。

　後に、重ねた整形手術がゴシップの的となったり、少年に性的虐待を行った疑惑で訴えられたりする(無罪評決下る)など苦しんだ時期もあった。

　私生活では2度結婚し、3人の子供がいる。1994年に故エルビス・プレスリーの娘と結婚するが96年に離婚。同じ年に皮膚科医のアシスタントであった女性と結婚し長男と長女をもうけるが、3年後に離婚した。2002年には代理母により次男が産まれた。

NEWS 30

Shanghai Hosts Expo 2010

金融街として発展の目覚ましい上海の浦東地区
© Fotolia

Less than two years after the spectacular Beijing Summer Olympic Games in 2008, China is hosting another international event that showcases its surging economic and industrial clout at a time when much of the world is yet to recover from a prolonged recession. Shanghai, China's bustling financial and economic

Notes

title
① host （動）〜を主催する

1
② spectacular （形）壮観な；華々しい
③ showcase （動）〜を見せる；〜を展示する
④ surging （形）急増する
⑤ clout （名）影響力；勢力
⑥ recover from 〜から回復する
⑦ prolonged （形）長引く
⑧ recession （名）景気後退
⑨ bustling （形）活気に満ちた；にぎやかな

center with a population of close to 20 million, is the site of the World Exposition 2010.

② The milestone⑩ events in Beijing and Shanghai are a nostalgic reminder⑪ to the Japanese of the days when their economic performance was the envy of the world. Tokyo hosted the Summer Olympics in 1964 and Osaka was the venue⑫ for Expo '70, a first ever in Asia for both events.

③ Expo 2010 Shanghai with its theme "Better City—Better Life" opens on May 1 and lasts until October 31. The organizing committee is hopeful that some 200 countries, regions and international organizations will participate and that a total of 70 million people will converge⑬ on the Expo during its 184-day run.

④ New metro lines have been constructed to provide easy access to the 528-hectare Expo site, which sits on both sides of the Huangpu River⑭, between the Napu Bridge and Lupu Bridge in central Shanghai. Ubiquitous⑮ at the fair site and in the city is the Expo mascot, Haibao, created from a Chinese character meaning "people."

⑤ The Japanese Pavilion, among the largest and unique for its shape with an environment-friendly⑯ design, is nicknamed "Purple Silkworm Island." Osaka City, which is Shanghai's sister city, has displays focusing on its continuing efforts to attain⑰ sustainable⑱ growth as an environment-friendly "city of water."

---

⑩ milestone （名）記念すべき出来事；里程標
⑪ reminder （名）思い出させるもの
⑫ venue （名）開催地［場所］
③
⑬ converge （動）一点に集まる；集中する
④
⑭ Huangpu River　黄浦江
⑮ ubiquitous （形）至るところにある
⑤
⑯ environment-friendly （形）環境に優しい
⑰ attain （動）〜を実現する；〜を達成する
⑱ sustainable （形）持続可能な

2010年万博、上海で開催
Shanghai Hosts Expo 2010

NEWS 30

[1] 　　世界を魅了した2008年夏の北京オリンピックから2年足らず、中国はもう1つの国際イベントを開催する。まだ世界の多くの国々が長引く景気後退から回復していないなか、そのイベントは中国の経済・産業における急伸する影響力を誇示するものだ。2千万人近い人口を抱え、中国の活気あふれる金融・経済センターである上海が、2010年万国博覧会の会場となる。

[2] 　　北京と上海でのこれら記念すべきイベントは、日本人には、日本の経済発展が世界の羨望の的となった時代をなつかしく思い出させるだろう。1964年に東京で夏季オリンピックが開催され、大阪では70年万博が開催されたが、どちらもがアジアでは初めてのものだった。

[3] 　　2010年上海万博は「よりよい都市、よりよい生活」をテーマに掲げ、5月1日から10月31日まで開催される。組織委員会では、およそ200の国・地域・国際団体が参加し、184日間の開催期間中に7千万人が来場すると見込んでいる。

[4] 　　地下鉄の新路線も建設が進んでおり、完成すれば528ヘクタールの万博会場へのアクセスが容易になる。会場は、上海中心部、南浦大橋と盧浦大橋の間の黄浦江両岸に設置される。会場や街のいたるところに、万博のマスコット「海宝」を目にすることができるが、このマスコットは「人々（字義通りには、世界の宝）」を意味する中国語から生まれたものだ。

[5] 　　日本のパビリオンは、最大規模で、環境に優しい、ユニークな形をしており、「紫蚕島（かいこじま）」というニックネームがついている。上海の姉妹都市である大阪市は、環境志向の「水の都」として持続可能な成長を実現する継続的な取り組みに焦点を当てた展示を行う。

Culture, Technology & Environment

> ニュース英語に注目！

sustainable （形）持続可能な

動詞sustain(持続する)にable(できる)を付けた形容詞。
名詞はsustainability。環境関連の記事や経済記事でよく使われる。

- sustainable economic growth
 （持続可能な経済成長）
- sustainable fishery
 （持続可能な漁業）

日本でもおなじみになったロハス(LOHAS)はlifestyles of health and sustainabilityの略。

Background Story

魔都は復活した

　1920年代から30年代にかけて、上海は極東一の金融・ビジネスセンターとして繁栄した。列強諸国が租界をつくり、国際色豊かで活気にあふれる商業都市であると同時に、ナイトクラブや阿片窟など、猥雑で退廃的な一面も併せ持ち、「魔都」とも称された。

　だが、日中戦争を経て、49年に共産党が中国全土を「解放」すると、上海の華やぎは急速に色あせていった。財閥の多くは香港などに脱出。共産党の硬直的な政策や、文革(the Cultural Revolution)などの社会動乱により、人々は疲弊、都市機能は停滞して、二級都市に成り下がった。

　しかし、90年代に入り、状況は一変する。北京や上海などの大都市部のインフラ整備が本格的にスタートしたのである。

　街のあちこちに「雨後の筍」のように高層ビルが林立し、新開発地区として黄浦江東岸の「浦東(Pudong)」が重点的に整備された。浦東国際空港は、東アジア有数のハブ空港として世界各国の主要都市と結び、また同空港にはリニアモーターカーの空港列車が乗り入れる。今の上海は、世界各国のトップ企業が拠点を置き、著名なファッションブランド店が軒を連ねる。次々に生まれる新興富裕層が消費をけん引し、上海証券取引所は取引額ですでに東京を追い抜いた。

　日が落ちると、南京路から外灘(バンド: the Bund)、浦東金融区へと続く、息を飲むようなきらびやかな夜景——「魔都」は復活したのである。

重要語インデックス

本書の記事の中から、
ニュースによく出る重要語を選んでアルファベット順に並べたものです。
単語・熟語の復習に、記憶の確認にご利用ください。
全部で約280語あります。

A

- [ ] abate　（動）〜の勢いを弱める　76
- [ ] accommodations　（名）設備；宿泊施設　22
- [ ] accord　（名）協定・協約　139
- [ ] account　（名）説明　111
- [ ] account for　〜を占める　72
- [ ] accumulate　（動）〜を積み上げる　107
- [ ] allegation　（名）（証拠のない）主張　110
- [ ] allegedly　（副）伝えられるところによると　111
- [ ] allocate　（動）〜を割り当てる　139
- [ ] ally　（名）同盟（国）　23
- [ ] alternative　（形）代わりの；別の　123
- [ ] apathy　（名）無感動・無関心　127
- [ ] apparently　（副）見たところ　89
- [ ] appetite　（名）欲求；食欲　92
- [ ] arise from　〜から生じる；〜に起因する　44
- [ ] aspiration　（名）切望　36
- [ ] assertive　（形）自己主張が強い　101
- [ ] assume　（動）（任務など）を引き受ける　57
- [ ] attain　（動）〜を実現する；〜を達成する　155
- [ ] auspicious　（形）幸先のよい　107
- [ ] authoritarian　（形）権威[独裁]主義の　36
- [ ] autopsy　（名）検死　151

B

- [ ] **bailout** （経済的な）緊急援助；救済措置　64
- [ ] **be comprised of** 〜から成る　146
- [ ] **be sworn in** 〜に宣誓就任する　56
- [ ] **bid** （名）企て；試み　114
- [ ] **bilateral** （形）両国間の　110
- [ ] **bleak** （形）暗い；わびしい　101
- [ ] **boast of** 〜を自慢する　115
- [ ] **boost** （動）〜を押し上げる　81
- [ ] **border** （名）国境　69
- [ ] **break out** 発生する；突然起こる　52
- [ ] **brutal** （形）残忍な；凶悪な　48
- [ ] **bureaucracy** （名）官僚制度（機構）　101
- [ ] **bustling** （形）活気に満ちた；にぎやかな　154
- [ ] **buzz** （名）ざわめき；興奮　80

C

- [ ] **capture** （動）〜を獲得する　98
- [ ] **celebrated** （形）著名な　122
- [ ] **charismatic** （形）カリスマ的な　99
- [ ] **choppy** （形）不安定な　76
- [ ] **cite** （動）〜を引き合いに出す　119
- [ ] **clash** （名）衝突；激突　49
- [ ] **climate change** 気候変動　138
- [ ] **clout** （名）影響力；勢力　154
- [ ] **coalition** （名）連立　100
- [ ] **collapse** （名）崩壊；倒産；倒れること　62, 150
- [ ] **come up with** 〜を考え出す；〜を用意する　119
- [ ] **commodity** （名）一次産品；商品　73
- [ ] **common currency** 共通通貨　45
- [ ] **comparison** （名）比較　76
- [ ] **compete** （動）競争する　88
- [ ] **condominium** （名）分譲マンション　146
- [ ] **consecutive** （形）連続した　106
- [ ] **consist of** 〜で構成する　72
- [ ] **contemporary** （形）現代の；同時代の　122
- [ ] **conventional** （形）保守的な；伝統的な　100
- [ ] **correction** （名）修正；訂正　84
- [ ] **counterpart** （名）対をなすものの一方；相手方　73
- [ ] **culminate** （動）最高潮に達する　85
- [ ] **cutting-edge** （形）最先端の　133

D

- [ ] **death toll** 死亡者数　33
- [ ] **declare** （動）〜を宣言する　18
- [ ] **deem** （動）〜とみなす　101
- [ ] **defect** （動）脱走する；亡命する　111
- [ ] **defiant** （形）傲慢な；反抗的な　48
- [ ] **deficit** （名）赤字　23
- [ ] **deliver an ultimatum** 最後通牒を宣告する　19
- [ ] **depletion** （名）減少；枯渇　138
- [ ] **designate** （動）〜を指定する　126
- [ ] **deteriorate** （動）悪化する；退化する　23
- [ ] **devastating** （形）辛辣な；壊滅的な　22
- [ ] **diet** （名）国会　99
- [ ] **disclose** （動）〜を明らかにする　111
- [ ] **discontent** （名）不満　53
- [ ] **do away with** 〜を廃止する；〜なしで済ます　100
- [ ] **dominate** （動）〜を支配する；〜を牛耳る　76, 81

- [ ] double-edged sword　両刃の剣　133
- [ ] driving force　(名)駆動力；原動力　72

E

- [ ] edge　(名)強み；競争力　93
- [ ] elusive　(形)巧みに逃げる　88
- [ ] embryo　(名)(人間の)胚；受精卵　142
- [ ] emerging　(形)新興の；新生の　72
- [ ] emission　(名)排出　139
- [ ] enrage　(動)〜を激怒させる　41
- [ ] entrepreneur　(名)起業家　114
- [ ] environment-friendly　(形)環境に優しい　155
- [ ] era　(名)時代　127
- [ ] erupt　(動)起こる；爆発する　52
- [ ] establish　(動)〜を確立[構築]する　127
- [ ] ethnic cleansing　民族浄化　28, 48
- [ ] eventually　(副)結局は　36
- [ ] evidence　(名)証拠　19
- [ ] evolution　(名)進化　132
- [ ] exile　(名)亡命　53
- [ ] expand　(動)拡大[拡張]する　68, 147
- [ ] extravagant　(形)過度にお金がかかる　147

F

- [ ] fertilizer　(名)肥料　73
- [ ] flock　(動)群がる　56
- [ ] flourish　(動)栄える　73
- [ ] forefront　(名)最前部；中心　72
- [ ] fossil fuel　化石燃料　139
- [ ] framework　(名)枠組み　138
- [ ] fraternity　(名)友愛(会)；兄弟関係　99

G

- [ ] general election　総選挙　99
- [ ] generate　(動)〜を発生させる　80
- [ ] genuine　(形)真正な；本物の　41
- [ ] glitch　(名)ちょっとした故障　81
- [ ] global warming　地球温暖化　138
- [ ] gloomy　(形)暗い；陰気な　63
- [ ] go bankrupt　倒産する　62
- [ ] grave　(形)重大な；深刻な　29
- [ ] greed　(名)貪欲　64
- [ ] grievance　(名)不満のもと；苦情　41

H

- [ ] halt　(動)〜を停止する；〜を阻止する　29, 48
- [ ] hamper　(動)〜の邪魔をする　142
- [ ] heyday　(名)盛り；最盛期　126
- [ ] hip　(名)流行を追う；かっこいい　80
- [ ] homicide　(名)殺人(過失によるものも含む)　151
- [ ] horrific　(形)恐ろしい　123
- [ ] hot seller　飛ぶように売れるもの　80
- [ ] hub　(名)ハブ；中心地　147
- [ ] humanitarian　(形)人道主義的な　29
- [ ] hype　(名)誇大広告；大げさな売り込み　81

I

- [ ] implementation　(名)実施　134
- [ ] impoverish　(動)〜を貧困化する；〜を不毛にする　93
- [ ] in place of　〜の代わりに　68
- [ ] in the wake of　〜をきっかけに；〜のあとに続いて　18, 89
- [ ] inauguration　(名)(大統領などの)就任　56

- ☐ **indispensable** （形）欠くことができない　92
- ☐ **infrastructure** （名）インフラ；経済活動の基盤　33, 49, 93
- ☐ **inherit** （動）〜を引き継ぐ　56, 100
- ☐ **initiative** （名）構想；イニシアティブ　44, 53, 142
- ☐ **integrate** （動）統合する　118
- ☐ **intense** （形）強烈な　127
- ☐ **intervene** （動）〜に介入する　53
- ☐ **invasion** （名）侵攻　19

L

- ☐ **lame-duck** （形）(議員などが)任期満了前の　64
- ☐ **landscape** （名）展望；見通し　98
- ☐ **landslide** （名）大勝；地滑り的勝利　98
- ☐ **launch** （動）〜を始める　（名）発足；スタート　19, 114
- ☐ **lingering** （形）長引く　37
- ☐ **live up to** 〜に沿う；〜にかなう　111
- ☐ **long for** 〜を待ち焦がれる　123
- ☐ **luxury** （形）高級な；豪華な　146

M

- ☐ **mandatory** （形）強制の　118
- ☐ **massacre** （名）大虐殺　28
- ☐ **milestone** （名）記念すべき出来事；里程標　155
- ☐ **militia** （名）民兵　29
- ☐ **mortgage** （名）住宅ローン；抵当　64
- ☐ **murder** （名）(計画的な故意の)殺人　151

N

- ☐ **natural resources**　天然資源　92
- ☐ **nerve** （名）神経　143
- ☐ **nominate** （動）〜を指名する　99

O

- ☐ **occupation** （名）占領　23
- ☐ **on the whole**　一般的に；概して　52
- ☐ **opposition** （形）野党の　98
- ☐ **orchestrate** （動）〜を画策する；〜を編成する　18
- ☐ **oust** （動）〜を追放する；〜を追い払う　20
- ☐ **outlook** （名）見通し；眺望　36
- ☐ **outstanding** （形）ずば抜けた；目立った　107
- ☐ **overtake** （動）〜に追いつく；〜を追い越す　76

P

- ☐ **paramedic** （名）救急医療隊員　150
- ☐ **pension** （名）年金　118
- ☐ **perpetrator** （名）実行者；犯人　20
- ☐ **pharmaceutical** （形）薬剤の　143
- ☐ **plague** （動）蝕む　49
- ☐ **pledge to**　〜することを誓う　100
- ☐ **plight** （名）苦境　33
- ☐ **plunge** （動）〜を突っ込む；〜を陥れる　62
- ☐ **podium** （名）表彰台；演壇　88
- ☐ **pollute** （動）〜を汚染する　139
- ☐ **posh** （形）高級な　115
- ☐ **post** （動）〜を計上する；〜を公表する　76

- [ ] practically （副）およそ；実質的に 84
- [ ] precious （形）貴重な 92
- [ ] probe （名）徹底的な調査 111
- [ ] proclaim （動）～を公言する；～をほめ称える 93
- [ ] pronounce （動）～を申し渡す 150
- [ ] prosperity （名）繁栄 45
- [ ] protagonist （名）主人公 123
- [ ] prove （動）～であるとわかる 21
- [ ] province （名）州 49
- [ ] pull out of ～から撤退する 89
- [ ] put ～ on hold ～を保留にする 147

Q

- [ ] quake （名）地震 32
- [ ] quick fix 手っ取り早い解決法；即効薬 57

R

- [ ] racism （名）人種差別（主義） 41
- [ ] raid （動）～を強制捜査する；～に踏み込む 115
- [ ] rally （名）デモ（隊） 53
- [ ] raw materials 原材料 92
- [ ] real estate 不動産 147
- [ ] recession （名）景気後退 85, 154
- [ ] recovery （名）回復 72
- [ ] refugee （名）難民 28
- [ ] regime （名）政権；政府 20
- [ ] relevant （形）関連がある 89
- [ ] relief （名）救援物資 29
- [ ] religious cult 狂信的教団 122
- [ ] rely on ～に頼る 100
- [ ] remarkable （形）注目に値する；目立った 77
- [ ] reminder （名）思い出させるもの 155
- [ ] renewable energy 再生可能エネルギー 57
- [ ] renovate （動）～を修理[復元]する 126
- [ ] resentment （名）憤り；恨み 41
- [ ] respectively （副）それぞれ 73, 146
- [ ] restore （動）～を回復する 41
- [ ] restriction （名）制限 143
- [ ] result from ～に起因する 85
- [ ] retaliate （動）～に報復する 53
- [ ] reveal （動）～を明かす 122
- [ ] revenge attacks 報復攻撃 49
- [ ] revenue （名）売り上げ；収入 76
- [ ] rioting （名）暴動 40, 52
- [ ] ruin （名）廃墟 69
- [ ] rule （名）支配；統治 36
- [ ] rush （動）急いで行く 32

S

- [ ] scores of 多数の～ 63
- [ ] semiconductor （名）半導体 76
- [ ] sensation （名）世間を沸かせるもの 106
- [ ] sentence （動）～に判決を下す 115
- [ ] setback （名）失敗；妨げ 115
- [ ] shelter （名）住まい 63
- [ ] shoulder （動）～を背負う 147
- [ ] showcase （動）見せる；展示する 154
- [ ] shrewd （形）鋭い；洞察力のある 85
- [ ] shy away from ～を避ける 64
- [ ] significance （名）重要性 44
- [ ] skyscraper （名）超高層ビル；摩天楼 146
- [ ] slaughter （名）大量殺戮 28
- [ ] soar （動）急に上がる 80

| ☐ spawn （動）～を引き起こす 69
| ☐ spearhead （動）～の先頭に立つ 142
| ☐ spectacle （名）見せ物；壮観 106
| ☐ spectacular （形）壮観な；華々しい 154
| ☐ speculate （動）～と推測する 150
| ☐ spurn （動）～をはねつける；～を相手にしない 110
| ☐ stability （名）安定(性) 45
| ☐ staggering （形）驚異的な 32
| ☐ stagnant （形）よどんだ；停滞気味の 132
| ☐ stalemate （名）行き詰まり 37
| ☐ state of emergency 非常事態宣言 40
| ☐ steadily （副）着実に 69
| ☐ stock exchange 証券取引所 84
| ☐ strategic （形）戦略的な 45
| ☐ struggle （動）もがく 89
| ☐ stun （動）～をびっくりさせる 80
| ☐ subscriber （名）加入者 133
| ☐ subsequently （副）続いて；その後に 19
| ☐ substance （名）物質 143
| ☐ substantial （形）大きな；大幅な 73
| ☐ successor （名）後継者 37
| ☐ surging （形）急増する 154
| ☐ surpass （動）～に勝る 123
| ☐ surreal （形）非[超]現実的な 123

T

| ☐ tally up （投票）を集計する 98
| ☐ threaten （動）～の恐れがある 53
| ☐ tidal wave 津波 32
| ☐ top （動）（ある数）～を越える；～を上回る 84
| ☐ tremendous （形）とてつもない；非常にすばらしい 107
| ☐ tribute （名）賛辞；感謝の印 150
| ☐ trigger （動）～の引き金を引く 40
| ☐ troops （名）軍隊 21, 29, 49
| ☐ tropical rain forests 熱帯雨林 138

U

| ☐ ubiquitous （形）至るところにある 155
| ☐ ultimately （副）最終的に 88
| ☐ under fire 攻撃[非難]を浴びて 134
| ☐ unparalleled （形）並ぶものがない；圧倒的な 106
| ☐ unprecedented （形）前例のない 101
| ☐ unveil （動）～のベールを取る；～を明らかにする 81
| ☐ uprising （名）反乱；蜂起 52
| ☐ uproar （名）不満の声；騒動 119
| ☐ usher in ～を導く；～を迎え入れる 76

V

| ☐ vague （形）あいまいな 119
| ☐ venue （名）開催地[場所] 155
| ☐ verify （動）～を検証する；～を立証する 20
| ☐ viable （形）生存可能な 49
| ☐ vow to ～することを誓う 99, 115

W

| ☐ weave （動）（物語など）を組み立てる；～を織る 122
| ☐ when it comes to ～の話になると 77
| ☐ withdraw （動）～を撤退させる；撤退する 48, 88
| ☐ witness （動）～を目撃する 56

■ 著者紹介

成重　寿
Hisashi Narishige

一橋大学卒業。英語教育出版社、海外勤務の経験を生かして、TOEICを中心に幅広く執筆・編集活動を行っている。著書は『TOEIC TEST英単語スピードマスター』、『TOEIC TEST英熟語スピードマスター』、『新TOEIC TEST総合スピードマスター 入門編』、『新TOEIC TESTリーディングスピードマスター』、『TOEIC TESTビジネス英単語Lite』、『魔法の英会話』、『魔法の英文法』(以上、Jリサーチ出版) など。

妻鳥千鶴子
Chizuko Tsumatori

バーミンガム大学大学院翻訳学修士課程修了(MA)。英検1級対策をメインとするアルカディア・コミュニケーションズ主宰。ケンブリッジ英検CPE、英検1級、TOEIC990点、通訳案内業国家資格(大阪府1236号)など。主な著書は『ゼロからスタート英会話』、『ゼロからスタート 英単語 BASIC 1400』、『TOEIC TESTリスニング ベーシックマスター』(以上、Jリサーチ出版)、『新TOEIC TESTプレ受験600問』(語研)、『英語プレゼンテーション すぐに使える技術と表現』(ベレ出版) など。

松井こずえ
Kozue Matsui

学習院大学卒業。英検1級、TOEIC990点。大手電子通信機器メーカーを経て、現在アルカディア・コミュニケーションズ専任講師として企業や大学のTOEIC、TOEFL、英検講座などで活躍。『TOEIC TESTリスニングベーシックマスター』、『ネイティブにきちんと伝わるビジネス英語 会話編』、『eメール編』(以上、Jリサーチ出版)、『新TOEIC TESTプレ受験600問』(語研)、『新TOEICテスト英単語ターゲット3000』(旺文社) など。

英語ニュース原稿執筆
Robert Reed ／ 笹井　常三 ／ Mark Stafford

英文校正
Miguel Corti

カバーデザイン	滝デザイン事務所
本文デザイン／DTP	DICE DESIGN(土橋公政)
CD録音・編集	(財)英語教育協議会(ELEC)
CD制作	高速録音株式会社
写真提供	PANA通信社 ／ Fotolia

WORLD NEWS BEST 30

平成22年(2010年)6月10日発売　初版第1刷発行

著　者　成重　寿／妻鳥千鶴子／松井こずえ
発行人　福田富与
発行所　有限会社　Jリサーチ出版
　　　　〒166-0002　東京都杉並区高円寺北2-29-14-705
　　　　電話 03 (6808) 8801 (代) ／ FAX 03 (5364) 5310
　　　　編集部 03 (6808) 8806
　　　　http://www.jresearch.co.jp
印刷所　株式会社 シナノ パブリッシング プレス

ISBN978-4-86392-020-0　　禁無断転載。なお、乱丁・落丁はお取り替えいたします。
© Hisashi Narishige, Chizuko Tsumatori, Kozue Matusi 2010 All rights reserved.